더 나은 미래를 위한 매일매일의 역사

벌거벗은
세계사
일력

KB209325

tvN 〈벌거벗은 세계사〉 제작팀 지음 | 김봉중 감수

교보문고

벌거벗은 세계사 일력

초판 1쇄 발행 2024년 11월 15일

지은이 tvN 〈벌거벗은 세계사〉 제작팀
감수 김봉중
펴낸이 안병현 김상훈
본부장 이승은 총괄 박동옥 편집장 임세미
책임편집 정혜림 디자인 박지은 마케팅 신대섭 배태욱 김수연 김하은 제작 조화연

펴낸곳 주식회사 교보문고
등록 제406-2008-000090호.(2008년 12월 5일)
주소 경기도 파주시 문발로 249
전화 대표전화 1544-1900 | 주문 02)3156-3665 | 팩스 0502)987-5725

ISBN 9790-11-7061-205-6 03900

매일매일의 사건들이 쌓여

역사를 이루듯이,

소중한 _____ 님의

하루하루가 충만하게 쌓이는

_____ 년이 되기를 응원합니다.

역사는 모든 과학의 기초이며
인간 정신의 최초 산물이다.

토머스 칼라일

——————— 지은이 ———————

tvN 〈벌거벗은 세계사〉 제작팀

어느 날 갑자기 우리 삶에 들이닥친 코로나19. 자유롭게 누군가를 만나고 여행을 하는 것이 점차 어려워질 무렵 집에서 안전하게 세계 여행을 즐길 수 있는 프로그램을 만들고 싶었습니다. 그리고 그 여행지에 숨겨진 세계사까지 배울 수 있다면 더 좋겠다는 마음을 담아 만든 것이 〈벌거벗은 세계사〉입니다. 다시금 자유로운 여행이 가능해진 지금, 이 책을 통해 역사를 아는 데서 그치지 않고 보다 나은 내일에 대한 답을 지혜롭게 모색해볼 수 있는 계기가 되었으면 좋겠습니다.

——————— 감수 ———————

김봉중

전남대학교 사학과를 졸업하고, 웨스턴일리노이대학교에서 석사학위를, 톨레도대학교에서 박사학위를 받았습니다. 샌디에이고시립대학 사학과 교수를 거쳐 현재 전남대학교 사학과 명예교수로 있습니다. tvN 〈벌거벗은 세계사〉에서 미국사에 관한 다양한 이야기를 흥미로운 시각으로 풀어내며 대중의 호응을 받았습니다. 저서로 《요즘 어른을 위한 최소한의 전쟁사》《미국을 안다는 착각》 등이 있습니다.

1600년
영국, 동인도회사 설립

관련 국가 | **영국, 인도**

영국에서 '해적왕'이라 불리던 탐험가 프랜시스 드레이크는 1580년 영국인으로는 최초로 세계일주에 성공했습니다. 이때 그는 동인도(지금의 인도네시아)에서 엄청난 양의 향신료를 가지고 돌아왔습니다. 이것이 돈이 된다는 사실을 깨달은 영국은 1600년 오늘 동인도회사를 설립했습니다. 이때 엘리자베스 1세는 아프리카 희망봉 너머로는 동인도회사만 갈 수 있다는 무역 독점권을 인정하는 칙령까지 내렸습니다.

런던에 있던 동인도회사 본사

오늘의 한국사 1961년 KBS TV 개국

1. 오늘의 세계사
〈벌거벗은 세계사〉에서 다뤘던 다양한 주제들, 그리고 그와 관련한 여러 나라의 사건과 인물 등을 오늘의 세계사로 선정했습니다.

2. 오늘의 한국사
세계 곳곳에서 다양한 사건이 일어난 날, 우리나라에서는 어떤 일이 있었을까요? 이를 확인할 수 있도록 오늘의 한국사를 더했습니다.

3. 그레고리력 정리
우리나라에서 태양력을 시행한 것은 1896년부터입니다. 따라서 그 이전의 역사는 음력으로 기록되어 있기에 양력, 즉 그레고리력으로 변환하였습니다. 음력 날짜는 국사편찬위원회에서 관리하는 '우리 역사넷'의 기록을 바탕으로 하였습니다.

4. 작품 및 간행물 표기
일력에 등장하는 단행본은 겹화살괄호(《》)로, 신문, 잡지, 영화, 그림 등은 홑화살괄호(〈〉)로, 법령 및 논문 등은 홑낫표(「」)로 표시했습니다.

2006년
사담 후세인 사형

관련 국가 | **미국, 이라크**

걸프 전쟁은 중동의 스탈린이라 불린 이라크의 독재자 사담 후세인이 쿠웨이트를 침공하며 시작됩니다. 이후 미국을 주축으로 39개국이 참여한 큰 전쟁으로 번졌죠. 2003년 12월 13일, 미국은 후세인을 생포했고 이라크에 그의 처분을 맡겼습니다. 3년 뒤 재판정에 선 후세인은 시아파 주민 148명을 체포해 처형시킨 혐의로 사형을 선고받았습니다. 그리고 두 달 뒤인 오늘 사형이 집행됐고 23년간의 잔혹한 독재정치가 막을 내렸습니다.

미군에 생포된 사담 후세인

오늘의 한국사 1895년 「단발령」 선포

미래에 대한 최선의 예언자는 과거이다.

조지 고든 바이런

1890년 운디드니 학살

관련 국가 | **미국**

1890년 오늘 미국 사우스다코타주의 운디드니에서 미국 연방군과 아메리칸 인디언 수족이 대치했습니다. 이 과정에서 큰 발 추장과 동료들이 붙잡히자 인디언들은 격렬히 저항했습니다. 그런데 이때 누가 쏘았는지 모를 한 발의 총성이 울렸습니다. 인디언이 공격한다고 오해한 미군은 무차별적인 사격을 가했고 인디언 350여 명 중 250여 명이 사망했습니다. 이는 미국 역사에서 인디언에 대한 마지막 대규모 학살로서 인디언의 아픈 역사를 대표하는 사건입니다.

운디드니 학살에서 희생당한 인디언들

오늘의 한국사 1910년 조선총독부, 회사 설립을 허가제로 한 「회사령」 공포

1월

1일 그레고리력 첫날

2일 뤼순 공방전

3일 마르틴 루터 파문

4일 건륭제 사망

5일 프라하의 봄

6일 잔 다르크 탄생

7일 갈릴레이, 위성 첫 관측

8일 이란의 히잡 금지

9일 카렐 차페크 탄생

10일 세계 최초 지하철 운행

11일 태평천국 운동 시작

12일 애치슨 라인 선언

13일 카우엥가 조약

14일 골드러시 시작

15일 엘리자베스 1세 대관식

16일 미국, 금주법 시행

17일 아비뇽 유수 종식

18일 파리 강화 회의 시작

19일 맨해튼 프로젝트 시작

20일 천비조약

21일 루이 16세 처형

22일 피의 일요일

23일 조조 사망

24일 처칠 사망

25일 카노사의 굴욕

26일 컬리넌 다이아몬드 발견

27일 아우슈비츠 해방

28일 헨리 8세 사망

29일 최초의 자동차 특허

30일 뮌스터 조약

31일 유고슬라비아 국명 변경

2014년
아프가니스탄 전쟁 종료

관련 국가 | **미국, 아프가니스탄**

9.11 테러 이후 아프가니스탄과 전쟁을 이어오던 미국은 2014년 오늘 아프가니스탄에서의 전투 임무를 공식으로 종료한다고 선언했습니다. 하지만 점점 강력해지는 탈레반의 반격에 미국이 철군하지 못하는 상황에 빠졌고 전쟁은 계속됐죠. 2021년, 20년간 전쟁을 이어오며 아프가니스탄의 민주주의를 지키려 했던 미국이 철수를 결정했습니다. 아프가니스탄의 수도 카불에 주둔하던 미군은 8월 15일에 그곳을 떠나기 시작했습니다.

미군이 철수한 뒤 카불의 탈레반

오늘의 한국사 1894년 동학농민운동 지도자 전봉준 체포

1월

그레고리력 첫날

관련 국가 | **이탈리아**

1582년 교황 그레고리오 13세는 1년의 길이를 365.2425일로 정하는 그레고리력을 제정했습니다. 기원전 45년 로마 공화정의 정치가 율리우스 카이사르가 정한 율리우스력의 오차를 수정한 역법으로, 현재 전 세계에서 가장 보편적으로 사용하는 표준 달력입니다.

그레고리력

오늘의 한국사 1896년 1월 1일 그레고리력 사용 시작

537년
아야 소피아 완성

관련 국가 | **튀르키예**

튀르키예 이스탄불에 있는 아야 소피아는 그리스정교 대성당으로 537년 오늘 완성됐습니다. 당시에는 비잔틴제국의 수도 콘스탄티노플을 상징하는 대성전이었죠. '성스러운 지혜'라는 의미의 아야 소피아는 이후 오스만제국의 지배를 받게 되면서도 살아남았습니다. 다만 "이 아름다운 성당을 허물지 말고 이슬람 사원으로 쓰라"라는 오스만제국 황제 메흐메트 2세의 명령에 따라 기독교와 이슬람교가 공존하는 공간이 되었습니다.

오늘의 한국사 1972년 유신헌법 발효

1905년
뤼순 공방전

관련 국가 | **러시아, 일본**

오늘, 러시아가 뤼순 공방전의 항복문서에 서명했습니다. 러시아의 태평양 함대가 주둔한 뤼순항은 1904년 러일전쟁이 벌어지면서 전쟁터가 되었습니다. 수차례의 전투로 일본은 5만 7,000명이 넘는 사상자가, 러시아는 2만 8,000명이 넘는 사상자가 발생했습니다. 뤼순 공방전에서 러시아의 태평양 함대를 파괴한 일본은 이후 쓰시마 해전에서 승리하며 발트 함대마저 물리쳤습니다.

태평양 함대

오늘의 한국사 1873년 흥선대원군 호포법 실시

2004년
남아시아 대지진

관련 국가 | **인도네시아**

2004년 오늘 인도네시아 자카르타 인근 해안의 해저 40km 지점에서 대지진이 발생했습니다. 진도 8.9로 수소폭탄 270개, 원자폭탄 266만 개의 위력에 해당하는 규모였죠. 이 여파로 바닷물 전체가 통째로 일렁였고 수마트라섬 인근에 쓰나미라 불리는 지진해일이 일어나며 22만 7천여 명이 목숨을 잃었습니다.

쓰나미가 휩쓸고 지나간 마을

오늘의 한국사 2012년 대한민국역사박물관 개관

1521년
마르틴 루터 파문

관련 국가 | **독일, 이탈리아**

독일의 종교 개혁가인 마르틴 루터는 돈을 바친 사람의 죄를 면해준다는 증서인 면벌부의 판매와 가톨릭교회의 부패와 타락을 비판하며 1517년 「95개조 반박문」을 발표했습니다. 그러자 가톨릭교회의 수장인 교황 레오 10세는 1521년 오늘, 그를 이단으로 선고하며 파문했습니다. 당시 유럽은 가톨릭교회의 권력이 지배했기에 파문은 사형선고와 같았습니다. 하지만 많은 사람이 루터의 주장에 공감했고 이 사건은 종교개혁의 출발점이 되었습니다.

「95개조 반박문」

오늘의 한국사 1637년 병자호란 발발

12 월 크리스마스

25 일

매년 12월 25일은 기독교에서 예수의 탄생을 기념하는 날
입니다. 기독교에서는 2세기경부터 이 날을 기념하였으며,
12월 25일을 크리스마스로 정한 것은 336년입니다. 크리
스마스는 종교적 의미를 넘어 사랑과 나눔의 축제로 자리
잡았습니다. 대한민국에서는 1949년 정부 수립 후 최초의
공휴일을 지정할 때 크리스마스도 포함했습니다.

예수의 탄생

오늘의 한국사 1949년 성탄절 제정

1799년 건륭제 사망

관련 국가 | **청나라(중국)**

오늘 청나라의 제6대 황제였던 건륭제가 사망했습니다. 할아버지 강희제와 아버지 옹정제의 뒤를 이어 청나라의 최전성기를 이끌었던 황제로 만주족과 한족의 갈등을 조정해 내실을 다지며 군사, 경제, 문화, 예술 등의 융성을 맞이했습니다. 그러나 한족의 반란을 잔인하게 진압하고 집권 후반기의 시대착오적 정책과 부정부패는 청나라가 멸망하는 계기가 되었습니다.

즉위 초기의 어진

오늘의 한국사 1951년 6·25전쟁 중 한국군과 UN군 1·4 후퇴

1777년
키리티마티섬 발견

관련 국가 | **영국, 키리바시**

크리스마스 이브인 1777년 오늘 영국의 탐험가 제임스 쿡이 키리바시 라인 제도에 있는 가장 큰 산호섬을 발견했습니다. 그는 이 섬에 키리바시어로 크리스마스를 뜻하는 '키리티마티'라는 이름을 붙였습니다. 적도 부근 날짜변경선에 위치한 이 섬은 지구에서 가장 시간이 이른 곳이기도 합니다.

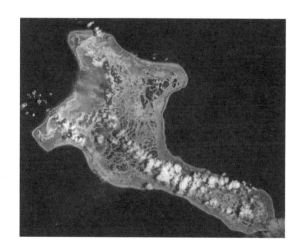

오늘의 한국사 1949년 문경 양민학살

1968년 프라하의 봄

관련 국가 | **체코슬로바키아, 소련(러시아)**

1968년 오늘 제2차 세계대전 이후 소련의 간섭을 받던 체코슬로바키아에서 공산주의 탄압을 반대하는 민주화 운동이 일어났습니다. 이 시기를 '프라하의 봄'이라고 합니다. 당시 체코슬로바키아를 집권한 알렉산데르 둡체크는 경제와 정치의 분권화를 통해 시민의 자유를 보장하는 개혁을 시도했습니다. 그러나 8월 21일 소련과 바르샤바 조약기구군이 침공하며 개혁은 막을 내렸습니다.

오늘의 한국사 1924년 의열단원 김지섭 의거(일본 천황 폭살 기도)

12월

월

23

일

1954년
인간 장기 이식 성공

관련 국가 | **미국**

인간의 장기 이식이 최초로 이루어진 것은 1900년대 초반입니다. 하지만 모두 실패했죠. 50여 년이 지난 1954년 오늘 미국에서 처음으로 장기 이식에 성공했습니다. 보스턴의 브리험 병원의 외과의사 조지프 머리는 5시간이 넘는 사투 끝에 일란성 쌍둥이의 신장 이식 수술에 성공했습니다. 이로써 일란성 쌍둥이끼리의 장기 이식은 거부 반응이 일어나지 않는다는 사실을 알게 되었고, 장기 이식 연구에 큰 영향을 주었습니다.

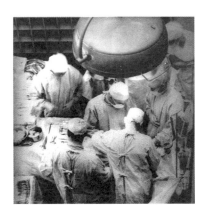

오늘의 한국사 1948년 극동국제군사재판 A급 전범 7명 교수형 집행

1412년
잔 다르크 탄생

관련 국가 | **프랑스, 잉글랜드(영국)**

잉글랜드와 프랑스가 백년전쟁 중이던 1429년, 잔 다르크는 프랑스를 구하라는 천사의 계시를 받았다며 왕 샤를 7세를 찾아가 그의 신임을 얻고 전쟁에 참전했습니다. 여러 전투에서 앞장서며 병사들의 사기를 북돋은 그녀의 활약으로 프랑스는 백년전쟁에서 승리했습니다. 그러나 잉글랜드군에 사로잡힌 후 마녀라는 누명을 썼고 종교재판을 통해 화형당했습니다.

오늘의 한국사 1993년 세계에서 가장 오래된 금속활자본 추정 《삼장문선》 발견

1522년
로도스섬 함락

관련 국가 | **오스만제국(튀르키예)**

오스만제국의 제10대 술탄이자 최고의 군주로 불린 술레이만 1세는 1520년에 왕위에 올랐습니다. 안으로는 문화와 상업, 교역, 통치 체계를 발전시키고 밖으로는 끊임없이 영토를 확장해 나갔죠. 젊고 능력 있는 술탄이 노린 땅은 유럽이었습니다. 그는 즉위하자마자 세르비아의 수도를 차지하면서 유럽 정복의 신호탄을 올렸고, 1522년 오늘은 그리스의 로도스섬도 함락했습니다. 그 결과 동지중해의 해상권을 장악한 오스만제국은 강하고 부유한 나라가 되었습니다.

로도스섬 공격에 나선 술레이만 1세

오늘의 한국사 1977년 수출 100억 불의 날

1610년
갈릴레이, 위성 첫 관측

관련 국가 | **이탈리아**

이탈리아의 천문학자이자 물리학자인 갈릴레오 갈릴레이는 자신이 개발한 망원경으로 밤하늘을 관찰하던 중 목성 주위를 배회하는 별들을 발견했습니다. 갈릴레오 위성이라 불리는 이 별들의 발견은 '모든 천체는 지구를 중심으로 회전한다'는 천동설이 아닌, '지구가 1년 주기로 태양 주변을 회전하고 다시 그 지구를 달이 돈다'는 지동설을 증명합니다.

1991년
소련 붕괴

관련 국가 | **소련(러시아)**

1991년 오늘, 소비에트 사회주의 공화국 연방(소련)이 해체됐습니다. 노동자 계급 해방과 공산주의 혁명 이념을 기초로 1922년에 세워진 소련은 세계 최대의 공산주의 국가였습니다. 그러나 69년 만에 경기 침체를 이유로 소련에 속해 있던 11개 공화국의 수뇌들이 소련의 붕괴를 결정했습니다. 4일 뒤에는 미하일 고르바초프 소련 대통령이 사임하면서 소련은 69년 만에 역사 속으로 사라졌습니다.

소련의 마지막 연방회의

오늘의 한국사 1968년 대한민국 첫 고속도로 개통

1936년
이란의 히잡 금지

관련 국가 | **이란**

이란의 레자 샤 팔라비 국왕은 1936년 서구화를 위해 '카슈페 헤잡'을 선포했습니다. 이는 페르시아어로 '베일 벗기'라는 뜻으로 공공장소에서 히잡을 벗게 하는 칙령입니다. 왕비와 공주들은 히잡을 벗고 왕궁을 나섰고, 왕은 여성의 사회 진출을 독려했습니다. 그러나 1979년에 이슬람 종교지도자인 호메이니가 정권을 장악하며 9세부터 히잡 착용을 의무화했고, 이를 지키지 않으면 처벌하게 되었습니다.

다양한 형식의 히잡

오늘의 한국사 1932년 이봉창 의사 의거(일본 천황에 수류탄 투척)

1999년
포르투갈, 마카오 반환

관련 국가 | **포르투갈, 청나라(중국)**

포르투갈은 1553년 화물을 말린다는 구실로 마카오에 들어와 4년 뒤에는 거주권을 따냈습니다. 1887년에는 청·포르투갈 조약에 따라 마카오가 정식으로 포르투갈의 식민지가 되었죠. 그리고 446년이 지난 1999년 오늘, 4개의 섬으로 이루어진 마카오 전역에서 포르투갈 국기가 내려가고 중국의 오성홍기가 올라갔습니다. 마카오가 포르투갈령에서 중국 영토로 공식 반환된 것입니다.

18세기 마카오 풍경

오늘의 한국사 1940년 상해임시정부 〈애국가〉를 국가로 채택

1890년
카렐 차페크 탄생

관련 국가 | **체코**

오늘 태어난 체코의 작가 카렐 차페크는 '로봇(robot)'이라는
단어를 만든 공상과학 소설가입니다. 그가 1920년에 발표
한 희곡 〈로숨의 유니버설 로봇〉에는 체코어로 '노동'을 뜻
하는 단어인 'robota'에서 'a'를 뺀 'robot(로봇)'이라는 단어
가 처음 등장했습니다.

〈로숨의 유니버설 로봇〉 표지

오늘의 한국사 1885년 갑신정변 사후 처리에 관한 한성조약

1984년
홍콩 반환 협정

관련 국가 | **영국, 홍콩, 중국**

1839년, 영국과 청나라는 아편 때문에 전쟁을 벌였습니다. 전쟁의 결과는 청나라가 홍콩을 떼어서 영국에 주는 것이었습니다. 그리고 1984년 오늘 영국과 중국이 '홍콩 문제에 관한 중국-영국 합의문서'에 공동으로 성명했습니다. 이로써 홍콩의 주권은 청나라 땅에서 영국 땅이 된 지 155년 만인 1997년 7월 1일을 기해 중국에 반환되는 것으로 결정된 것입니다.

두 나라가 합의 문서에 서명한 인민대회당

오늘의 한국사 1932년 윤봉길 의사 순국

1863년
세계 최초 지하철 운행

관련 국가 | **영국**

1986년 오늘 영국 런던에서 처음으로 지하철을 운행했습니다. 당시 런던은 산업혁명으로 많은 사람이 몰려들어 교통 체증이 매우 심각했습니다. 런던시 법무관 찰스 피어슨은 이 문제를 해결하기 위해 도시 지하를 통과하는 기차를 만들자고 제안했고 세계 최초의 지하철인 '메트로폴리탄선'이 개통되었습니다.

시범운행 중인 런던 지하철

오늘의 한국사 1962년 「문화재보호법」 공포

1865년 노예제도 폐지

관련 국가 | **미국**

미국 남북전쟁이 끝난 뒤인 1865년 오늘 "노예제는 미국 연방 및 미국 연방의 관할에 속하는 어떤 지역에서도 허용되지 않는다"라는 내용의 수정헌법 제13조가 의회를 통과했습니다. 미국에서 노예제도가 공식 폐지된 것입니다. 에이브러햄 링컨 대통령이 남북전쟁 중에 단행한 노예 해방령과 노예 해방에 대한 의지가 큰 역할을 했습니다. 그러나 흑인들이 실질적인 자유를 획득하기까지는 거의 100년의 세월이 더 걸렸습니다.

노예 처벌 도구

1850년
태평천국 운동 시작

관련 국가 | **청나라(중국), 영국, 프랑스**

아편전쟁이 끝나고 8년이 지난 1850년에 청나라 국민은 가난과 굶주림에 허덕였습니다. 이때 홍수전이라는 사람이 자신을 하늘의 왕이자 하느님의 아들이라고 주장했고, 모두가 평등한 태평천국을 만들자며 반란을 일으켰습니다. 1864년 영국과 프랑스 등 서양 열강 세력이 반란을 진압할 때까지 약 2,000만 명에서 7,000만 명이 목숨을 잃은 것으로 추산됩니다.

오늘의 한국사 1901년 독립운동가 권기옥 탄생(국내 최초 여성 비행사, 여성 출판인)

1903년
인류 최초 동력 비행

관련 국가 | **미국**

미국 노스캐롤라이나주 키티호크 해안가. '죽음의 언덕'이라 불리는 모래언덕에서 라이트라는 성을 가진 형제가 만든 인류 최초의 동력 비행기 '플라이어 1호'가 날아올랐습니다. 첫 비행 기록은 12초, 거리 36m. 라이트 형제는 여기서 멈추지 않고 수차례의 비행을 더 시도했고, 1903년 오늘 59초 260m라는 비행 기록을 세웠습니다.

플라이어 1호

1950년 애치슨 라인 선언

관련 국가 | **소련(러시아), 중국, 미국**

미국의 국무장관이던 딘 애치슨은 제2차 세계대전 이후 소련의 스탈린과 중국의 마오쩌둥의 영토 확장의 야심을 저지하기 위해 태평양에서 미국의 극동 방위선을 발표했습니다. 알류샨 열도-일본-오키나와-필리핀을 연결하는 이 방위선을 '애치슨 라인'이라고 합니다. 그 결과 우리나라와 대만, 인도차이나반도가 미국의 방위선에서 제외되었습니다.

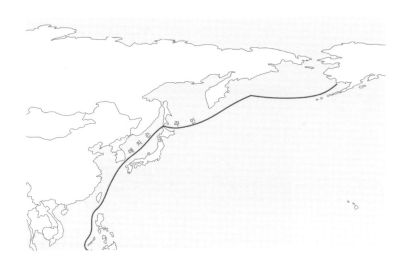

오늘의 한국사 1923년 의열단 김상옥 종로경찰서에 폭탄 투척

1773년 보스턴 차 사건

관련 국가 | **영국, 미국**

1773년 영국은 동인도회사가 식민지에 직접 차를 판매할 수 있는 법안을 통과시켰습니다. 그러자 아메리카 식민지에서 차를 판매해 온 상인들이 크게 반발했고 '영국 차 불매운동'이 대대적으로 일어났습니다. 대부분의 항구가 동인도회사의 차를 실은 배의 하선을 거부한 것입니다. 그런데 보스턴을 관리하는 영국 총독이 강제로 차를 하역시켰고, 인디언으로 분장한 급진 독립 세력이 차가 들어있는 상자를 바다에 던져 버리면서 '보스턴 차 사건'이 벌어졌습니다.

1847년
카우엥가 조약

관련 국가 | **미국, 멕시코**

영국 식민지에서 독립한 미국은 서부 영토를 확장해 나갔습니다. 1846년에는 멕시코의 영토를 차지하기 위해 전쟁을 벌였죠. 1847년 오늘 멕시코 군대는 카우엥가 조약을 맺어 캘리포니아를 미국에 할양했습니다. 이듬해에 미국과 멕시코는 평화협정을 맺었고 미국은 지금의 캘리포니아주, 네바다주, 유타주, 애리조나주, 뉴멕시코주, 콜로라도주를 넘겨받았습니다. 그 규모는 우리나라의 약 30배에 달합니다.

조약에 서명하는 멕시코

오늘의 한국사 1903년 미국 하와이에 최초의 한국 이민자 도착

1961년
나치 전범 교수형 판결

관련 국가 | **독일**

나치 전범 중에는 '탁상의 학살자'라 불린 아돌프 아이히만이 있습니다. 그의 임무는 유럽 각지의 유대인을 한곳에 집결시켜 특별 열차에 실어 절멸수용소로 보내는 것이었죠. 그는 전쟁이 끝날 때까지 수백만 명의 유대인을 수용소로 보냈습니다. 1961년 오늘, 15년간 도피 생활을 하며 자신의 죄로부터 계속 도망쳐왔던 아이히만에게 교수형 판결이 내려졌습니다. 이듬해 5월 31일 아이히만의 사형이 집행됐습니다.

이스라엘 감옥에서의 아이히만

오늘의 한국사 1950년 흥남 철수 작전 시작

1848년
골드러시 시작

관련 국가 | **미국**

오늘 캘리포니아의 새크라멘토 광산에서 일하던 목수가 바닥에서 사금을 발견했습니다. 그는 친한 동료에게 그 사실을 털어놓았고 소문은 순식간에 퍼져나가 금을 찾으려는 사람들이 캘리포니아로 몰려들었습니다. 농부는 농지를 버리고, 상인은 가게 문을 닫고, 심지어 군인들은 군대를 떠났죠. 또한 라틴 아메리카부터 유럽, 중국에서까지 캘리포니아 드림을 외치며 이민자들이 찾아왔습니다. 이를 골드러시라고 합니다.

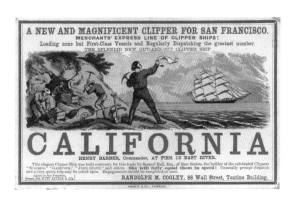

오늘의 한국사 1987년 박종철 고문 치사사건으로 사망

1911년
아문센, 남극점 도달

관련 국가 | **노르웨이**

노르웨이의 탐험가 로알 아문센이 이끄는 원정대가 1911년 오늘 인류 최초로 남극점에 도달했습니다. 남극점이란 지구의 가장 남쪽인 남위 90도 지점을 일컫는 말로, 매년 10km씩 이동하는 얼음판 위에 있습니다. 그는 많은 식량을 소비하는 말 대신 몸이 가벼운 개를 이용해 썰매를 타고 움직였으며 순록 가죽으로 만든 방한복을 입으며 남극점에 다다를 수 있었습니다.

오늘의 한국사 1979년 유네스코, 경주를 세계 10대 유적지로 지정

1월 15일

1559년
엘리자베스 1세 대관식

관련 국가 | **영국**

오늘 25세의 엘리자베스가 정식으로 영국의 왕좌에 앉았습니다. 평생 결혼하지 않아 '처녀 여왕'이라 불린 그녀는 "짐은 국가와 결혼했다"라는 말을 남기며, 국가의 번영에 온 힘을 쏟았습니다. 엘리자베스 1세는 해적과 손잡고 해상 최강국이었던 스페인의 무적함대를 격파했고 영국은 변방의 섬나라에서 세계를 호령하는 '해가 지지 않는 나라'로 떠올랐습니다.

오늘의 한국사 | 1906년 고종의 최측근 이용익, 러시아에서 암살

1937년
난징 대학살

관련 국가 | **중화민국(중국), 일본**

중일전쟁으로 만주를 점령한 일본은 중국 본토를 차지하기 위해 중국 내륙으로 진격했습니다. 상하이 침략 후 난징까지 점령한 일본군은 중국인을 무차별 학살하고 강간했습니다. 민족 우월주의에 빠져 있던 일본은 난징 함락 과정에서 예상치 못한 피해를 입었고, 그에 대한 보복으로 대학살을 벌인 것입니다. 1937년 오늘부터 이듬해 1월까지 불과 6주 사이에 약 30만 명이 희생되었습니다. 12초에 한 명씩 목숨을 잃은 셈입니다.

강가에 쌓인 학살 희생자들

오늘의 한국사 1991년 남북 기본합의서 채택

1919년 미국, 금주법 시행

관련 국가 | **미국, 이탈리아**

세계 각국의 이민자가 몰려들며 각종 범죄와 사회 문제로 골머리를 앓던 미국은 술의 제조와 판매, 운반, 수출입을 금지하는 금주법을 시행했습니다. 하지만 사람들은 몰래 술을 찾았고 이때 이탈리아에서 온 마피아들이 밀주를 만들어 팔아 큰돈을 벌었습니다. 마피아는 이 자본을 밑거름 삼아 조직적으로 범죄를 저질렀고, 1920년대 미국은 마피아 제국 시대가 열렸습니다.

각종 산업을 장악한 마피아

오늘의 한국사 1864년 철종 승하, 흥선대원군 섭정

1936년
시안 사변

관련 국가 | **중화민국(중국)**

1936년 오늘, 중화민국 국민당 정권의 총통 장제스를 그의 부하인 장쉐량이 납치했습니다. 중국 역사상 최대의 인질 사건이라 불리는 '시안 사변'을 벌인 장쉐량의 요구사항은 오직 하나, 우리끼리 싸울 때가 아니라 국민당이 공산당과 힘을 합쳐서 일본을 몰아내야 한다는 것이었죠. 하지만 장제스가 이를 무시하자 끝내 그를 납치한 것입니다. 이 사건은 장제스의 부인 쑹메이링이 직접 장쉐량과 담판을 짓고 일본과의 싸움에 나서는 것으로 해결했습니다.

무사 귀환한 장제스와 쑹메이링

오늘의 한국사 1979년 12·12 군사 반란

1377년
아비뇽 유수 종식

관련 국가 | **프랑스, 이탈리아**

1309년, 기독교 국가이지만 강력한 왕권을 확립해 가던 프랑스의 필리프 4세는 교황의 기세를 누르기 위해 로마에 있던 교황을 프랑스 아비뇽으로 데려갔습니다. 자신의 영토로 교황을 끌어들인 그는 교황을 압도했고 엄청난 위세를 자랑하던 교황의 권력은 분산되기 시작했습니다. '아비뇽 유수'라 불리는 이 사건이 1377년 오늘 끝나면서 교황은 로마로 복귀했고 교회는 다시 로마를 중심으로 돌아갔습니다.

아비뇽 교황청

오늘의 한국사 1946년 해군병 학교(해군사관학교 전신) 창설

1936년 조지 6세 즉위

관련 국가 | **영국**

1936년 12월, 영국 국왕 에드워드 8세가 왕위에 오른 지 8개월 만에 퇴임했습니다. 그는 두 번의 이혼 경력이 있는 여성을 사랑했는데, 이 시기 영국 국교회는 이혼을 금지했고 이혼녀를 왕실에 들일 수 없다고 한 것입니다. 결혼과 왕위를 두고 사랑을 택한 에드워드 8세의 뒤를 이어 동생 조지 6세가 새로운 국왕에 올랐습니다. 동시에 그의 장녀인 엘리자베스가 왕위 계승 1순위가 되었죠. 그녀는 훗날 엘리자베스 2세 여왕이 되었습니다.

1919년 파리 강화 회의 시작

관련 국가 | **프랑스, 독일**

오늘 제1차 세계대전의 전후 처리를 위해 프랑스 외무부에 승전국들이 모였습니다. 1년 넘게 이어진 회의의 가장 큰 결실은 1919년 6월 28일에 31개 연합국과 독일이 맺은 '베르사유 조약'입니다. 독일은 영토의 13%를 내주고 10만 명 이상의 군인을 유지할 수 없다는 병력 제한을 받았으며 신식 무기의 사용도 금지되었습니다. 또한 전쟁 피해 복구를 위한 배상금은 1,320억 마르크로 책정됐습니다.

오늘의 한국사 1952년 이승만 대통령 평화선 선언

1901년
노벨상 시상식

관련 국가 | **스웨덴**

다이너마이트를 발명한 스웨덴의 화학자 알프레드 노벨은
'자신의 재산으로 기금을 마련해 매년 인류를 위해 공헌한
사람에게 상과 상금을 수여'하는 유언장에 서명했습니다.
이에 1900년 노벨 재단이 설립됐고 이듬해 12월 10일 노벨
의 사망일에 첫 번째 노벨상 시상식이 열렸습니다. 이후 매
년 같은 날 스웨덴의 스톡홀름에서 물리학, 화학, 생리학 및
의학, 경제학, 문학 분야의 노벨상을 시상하며, 노벨 평화상
시상식은 노르웨이 오슬로에서 열립니다.

노벨상 메달

오늘의 한국사 2000년 김대중 대통령 노벨평화상 수상

1939년
맨해튼 프로젝트 시작

관련 국가 | **미국**

1939년 오늘 뉴욕시 브로드웨이 270번지 18층에서 역사상 최악의 발명품이라 불리는 핵폭탄을 개발할 첫 본부가 출발합니다. 제2차 세계대전의 발발과 함께 독일 나치즘이 극에 달할 무렵 뉴욕 맨해튼을 시작으로 미국 30여 개 도시에서 '맨해튼 프로젝트'라 불리는 전 지구적 기밀 연구가 시작된 것입니다. 엄청난 비용과 인력을 투입해 극비로 개발한 핵폭탄은 1945년 인류 역사 최초로 일본 열도에 떨어졌고, 전쟁에 미쳐 있던 일본은 완전 항복을 선언했습니다.

프로젝트 책임자인 물리학자 오펜하이머와 그로브스 장군

오늘의 한국사 1900년 우편국, 미국 외교 문서 최초 우송

1979년
천연두 박멸

천연두는 기원전 수천 년 전부터 인도와 이집트 등에서 발생한 것으로 추정하는 전염병입니다. 20세기에만 무려 5억 명의 목숨을 앗아간 최악의 전염병 가운데 하나이기도 하죠. 하지만 치사율 30%에 이르는 천연두는 인류가 처음으로 박멸에 성공한 질병이기도 합니다. 1979년 오늘 과학자들은 천연두의 박멸을 확인했습니다. 이듬해 5월 세계보건기구는 천연두가 지구상에서 완전히 사라졌다고 공식 선언했습니다.

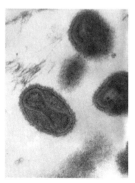

천연두 바이러스

오늘의 한국사 1941년 대한민국 임시정부 대일 선전포고

1월 20일

1841년
천비조약

관련 국가 | **청나라(중국), 영국**

1839년, 영국과 청나라는 아편 때문에 전쟁을 벌입니다. 우리가 알고 있는 아편전쟁이죠. 그 결과 1941년 오늘, 청나라는 홍콩을 떼어서 영국에 주는 천비조약을 맺었습니다. 이후 1942년에 중국 최초의 불평등 조약인 난징조약으로 홍콩은 영국에 공식적으로 양도되었고 155년 후인 1997년, 홍콩은 다시 중국으로 반환되었습니다.

아편을 강제하는 영국 상인

오늘의 한국사 1923년 조선물산장려회 창립

1980년
존 레논 암살

관련 국가 | **영국, 미국**

영국의 전설적인 밴드 비틀스의 리더였던 존 레논이 1980년 오늘 암살당했습니다. 1970년 밴드가 해체한 뒤 솔로로 활동해 온 존 레논은 1977년에 아이와 시간을 보내기 위해 음악을 그만두겠다고 선언하기도 했죠. 3년 후 복귀한 그는 자신이 살고 있던 미국 뉴욕의 아파트 앞에서 스토커 데이비드 채프먼이 쏜 총에 맞아 쓰러졌습니다. 급히 병원으로 옮겼으나 끝내 사망했고 전 세계 팬들은 충격에 빠졌습니다.

존 레논과 아내 오노 요코

오늘의 한국사 1943년 한글학자 이윤재, 조선어학회 사건으로 옥사

1793년 루이 16세 처형

관련 국가 | **프랑스**

18세기 후반 프랑스, 왕과 귀족이 매일 궁전에서 파티를 벌일 때 백성들은 최악의 자연재해로 추위와 굶주림에 시달렸습니다. 여기에 신분 계급에 따른 불평등까지 심각해지자 백성들은 혁명을 일으켜 절대 왕정에 칼날을 겨눴죠. 혁명의 성공으로 왕정은 무너졌고, 절대 왕정의 상징과도 같았던 프랑스 파리 중심부에 있는 콩코르드 광장에서 국왕 루이 16세는 백성들의 손에 처형당했습니다.

처형당한 루이 16세

오늘의 한국사 1864년 고종, 제26대 국왕에 즉위

12월

7일

1941년
진주만 공습

관련 국가 | **미국, 일본**

제2차 세계대전 당시 일본은 태평양 일대에서 세력을 확장하려 했으나 미국이 버티고 있어 뜻을 이룰 수 없었습니다. 초조해진 일본은 미국 태평양 함대가 모여 있는 하와이의 진주만을 기습 공격해 미국의 기세를 꺾으려 했습니다. 1941년 오늘 평화롭던 하와이 하늘에 수백 대의 일본 전투기가 나타났습니다. 일본군은 진주만의 미군기지를 두 차례 공격했고 약 2,400명이 사망했습니다. 전함과 항공기도 대부분 파괴되었죠. 이 공습으로 미국은 제2차 세계대전에 참전하게 됩니다.

일본의 초기 공격 당시 모습

1905년
피의 일요일

관련 국가 | **러시아**

1905년 오늘 러시아의 수도 상트페테르부르크에서 비인간적인 노동 조건에서 저임금과 장시간 노동에 시달린 노동자들이 대규모 시위에 나섰습니다. 이들은 러시아의 황제 니콜라이 2세를 만나 어려움을 호소하기 위해 황제의 초상화와 청원서를 들고 겨울궁전으로 평화 행진을 했습니다. 하지만 황궁 수비대는 시위대를 유혈 진압했고, 수많은 사람이 피를 흘리며 쓰러졌습니다. 이 비극을 '피의 일요일'이라 부릅니다.

오늘의 한국사 1923년 의열단 김상옥 의사 순국

1917년
핼리팩스 대폭발

관련 국가 | **캐나다, 프랑스**

캐나다 동쪽 끝의 항구 핼리팩스는 제1차 세계대전 당시 북아메리카와 유럽을 오가는 연합국 호송선의 핵심 거점이었습니다. 1917년 오늘 전쟁에 사용할 폭탄을 가득 실은 프랑스 화물선이 핼리팩스로 들어가던 중 노르웨이 화물선과 충돌했습니다. 이 사고로 프랑스 화물선 갑판에서 화재가 일어났고 얼마 후 대폭발이 일어났습니다. 히로시마에 투하한 원자폭탄의 10%에 이르는 화력으로 2천 명 이상이 사망했고, 3만 명에 가까운 사람들이 살 곳을 잃었습니다.

폭발 당시 모습

220년
조조 사망

관련 국가 | **위나라(중국)**

조조는 일개 경비대장에서 한나라의 최고 관직인 승상까지 오르고, 훗날 위나라의 왕이 된 인물입니다. 삼국시대의 추축이었던 그는 역사 속에서 상반된 평가를 받는 인물이기도 합니다. 정사《삼국지》에서는 난세의 영웅이자 시대를 초월한 인재로, 소설《삼국지연의》에서는 혼란한 시대의 간사한 영웅으로 기록했습니다.

오늘의 한국사 1903년 궁내부에 각종 서적, 신문, 잡지 등 보관하는 박문원 신설

1933년
미국 금주령 해제

관련 국가 | **미국**

미국은 청교도주의에 따라 세워진 나라입니다. 20세기 초반 알코올 중독에 따른 사망자가 증가하고 음주로 인한 각종 사고가 줄지어 일어나자, 1919년에 의회는 금주법을 통과시켰습니다. 상업적 용도로 술을 만들거나 유통하는 것을 전면 금지한 것이죠. 하지만 많은 사람이 불법으로 술을 구하거나 직접 밀주를 담가서 마시는가 하면, 마피아가 주류 밀거래로 막대한 이득을 챙기는 등의 문제가 생기자 1933년 오늘 금주령을 해제했습니다.

밀주 단속

1965년 처칠 사망

관련 국가 | **영국**

2002년 영국 BBC 방송은 '영국의 가장 위대한 인물'로 영국 총리 윈스턴 처칠을 선정했습니다. 그는 제2차 세계대전 당시 유럽 대부분이 히틀러의 손아귀에 넘어갔을 때도 죽는 순간까지 히틀러에 맞서 싸워야 한다고 외치며 끝내 영국을 지켰고 전쟁을 연합국의 승리로 이끄는 데 큰 역할을 했습니다. 우리나라에 이순신 장군이 있다면 영국에는 처칠이 있다고 할 만큼 영국사에서 중요한 인물인 그는 1965년 오늘, 91세로 사망했습니다.

제2차 세계대전의 승리를 확신하는 처칠

오늘의 한국사 1930년 김좌진 장군 공산주의자에 피살

1952년
런던 스모그

관련 국가 | **영국**

스모그(smog)는 원래 연기(smoke)와 안개(fog)가 섞인 것을 가리켰었지만 현재는 대기 오염 물질로 하늘이 뿌옇게 보이는 현상을 뜻합니다. 1952년 오늘 쾌청하던 런던 하늘이 짙은 안개로 뒤덮였습니다. 게다가 갑자기 기온이 뚝 떨어졌죠. 런던 시민들은 밤새 석탄을 땠고, 다음 날 도시는 스모그로 뒤덮였습니다. 얼마 후 시민들은 호흡장애를 일으키거나 질식하기 시작했고, 사건이 일어난 지 3주 만에 4천여 명이 목숨을 잃었습니다.

오늘의 한국사 1899년 대한제국 정부 〈독립신문〉 폐간

1077년 카노사의 굴욕

관련 국가 | **신성로마제국**

중세시대에 막강한 힘을 가졌던 교황은 자신의 마음에 들지 않는 왕을 파문하기도 했습니다. 당시 파문은 왕위를 빼앗기는 것이 아니라 나라 전체가 교회에서 추방당한다는 뜻입니다. 그림에서 문 앞에 서 있는 사람은 교황 그레고리오 7세이고 그의 발아래서 엎드려 비는 사람은 교황으로부터 파문당한 신성로마제국의 황제 하인리히 4세입니다. 허름한 차림의 황제가 교황 앞에 납작 엎드려 파문을 철회해 달라고 비는 이 사건을 '카노사의 굴욕'이라고 합니다.

오늘의 한국사 1886년 우리나라 최초의 신문 〈한성주보〉 발간

1984년
인도 메틸 가스 누출

관련 국가 | **인도, 미국**

1984년 오늘 인도 마데아프라데시주 보팔시에서 아이소사이안화 메틸(MIC) 가스가 누출되는 사고가 일어났습니다. 미국의 화학 기업인 유니온 카바이드가 세운 농약 공장의 지하 탱크에 저장돼 있던 살충제 원료인 메틸 가스가 새벽 시간에 누출된 것입니다. 이로 인해 공장 주변 주민 3,500여 명이 사망하고 50만여 명이 피해를 입었습니다.

메틸 가스가 누출되었던 공장

오늘의 한국사 1921년 한글학회 창립

1905년
컬리넌 다이아몬드 발견

관련 국가 | **남아프리카공화국, 영국**

남아프리카공화국의 다이아몬드 광산에서 일하던 프레더릭 웰스는 광산을 돌던 중 햇빛에 반짝이는 무언가를 보게 되었습니다. 그는 땅을 파고 또 파고 나서야 손에 한가득 잡히는 다이아몬드 원석을 얻을 수 있었습니다. '컬리넌'이라 불리는 이 다이아몬드는 당시 영국의 왕이었던 에드워드 7세의 생일 선물로 바쳐졌습니다. 영국은 이 다이아몬드를 약 100여 개로 조각낸 뒤 가장 큰 9개의 조각을 왕실 소유로 관리하며 각종 보물을 만들었습니다.

컬리넌 다이아몬드로 장식한 영국 왕실의 보물

오늘의 한국사 1926년 간송 전형필 사망

1804년
나폴레옹 1세 대관식

관련 국가 | **프랑스**

1804년 12월 2일, 프랑스에서 나폴레옹의 황제 대관식이
열렸습니다. 프랑스 대혁명으로 국왕 루이 16세가 처형되
고 공화정으로 전환된 지 불과 10년 만의 일입니다. 궁정 화
가 자크-루이 다비드는 이 장면을 그림으로 남겼습니다. 그
림 속 나폴레옹은 150여 명의 참석자가 지켜보는 가운데 아
내인 조제핀에게 왕관을 씌우고 있습니다. 그리고 황제 바
로 뒤에 앉은 교황은 오른손을 들어 축복하고 있죠.

오늘의 한국사 1929년 조선 의열단, 해체 선언

1945년
아우슈비츠 해방

관련 국가 | **독일, 폴란드, 소련(러시아)**

아우슈비츠는 나치 독일이 유대인을 학살하기 위해 만든 폴란드의 강제 수용소입니다. 나치가 세운 강제 수용소 중 가장 큰 곳으로 유대인, 소련군 포로, 장애인, 동성애자, 반나치주의자 등 100만 명이 넘는 사람들이 이곳에서 살해당했습니다. 제2차 세계대전 도중인 1945년 1월 27일, 소련의 '붉은 군대'는 아우슈비츠에 갇혀 있던 7,000여 명을 구출했습니다. 이곳은 현재 박물관과 전시관으로 운영 중입니다.

아우슈비츠 박물관에 전시된 희생자들의 머리카락

오늘의 한국사 772년 성덕대왕신종(에밀레종) 완성

1991년
우크라이나 독립

관련 국가 | **우크라이나, 소련(러시아)**

1991년에 소비에트 사회주의 공화국 연방(소련)이 해체됐습니다. 그러면서 소련을 구성한 15개 공화국은 독립했습니다. 우크라이나도 그중 하나였죠. 1991년 오늘 우크라이나는 독립을 위한 투표를 했습니다. 투표 결과 우크라이나 국민은 압도적으로 주권 국가가 되는 것을 지지했고 우크라이나는 독립 국가가 되었습니다. 현재 우크라이나는 유럽에서 두 번째로 영토가 큰 나라입니다.

소련 해체 협정

오늘의 한국사 1975년 최초의 국산 자동차 현대 포니 출시

1547년
헨리 8세 사망

관련 국가 | **영국**

그림 속 인물은 영국 역사에서 가장 문제적 인물로 평가받은 왕 헨리 8세입니다. 그에 관한 수식어는 남다릅니다. 호색한, 폭군, 스캔들 메이커, 난봉꾼, 포악한 바람둥이 등입니다. 헨리 8세는 무려 6명의 여성과 결혼했습니다. 그와 결혼한 여인 중 대부분은 아들을 못 낳아 혼인 무효, 아들을 못 낳아 참수, 아들 낳고 병으로 사망, 못생겨서 혼인 무효, 바람피워서 참수라는 비극적 결말을 맞이했습니다.

오늘의 한국사 1898년 덕수궁에 전화 시설 마련, 우리나라 첫 전화 통화

12월

1886년
최초의 자동차 특허

관련 국가 | **독일, 미국**

1880년대 초까지 자동차는 증기와 전기의 힘으로 움직였습니다. 그런데 증기자동차는 물을 끓여야 했고, 소음과 매연이 심했습니다. 이후 미국의 토머스 에디슨이 전기자동차를 발명하면서 전기차 시대에 진입했으나 독일의 칼 벤츠가 기름을 연료로 하는 엔진을 발명하며 휘발유 자동차가 대세가 되었습니다. 벤츠는 1886년 오늘 '휘발유로 발생하는 힘으로 움직이는 탈것'으로 정의한 최초의 내연기관 자동차 특허를 등록했습니다.

세계 최초로 시판된 휘발유 자동차 '모델 3'

오늘의 한국사 1906년 고종, 을사조약 반대 밀서 영국 기자에게 전달

1936년
영국 수정궁 화재

관련 국가 | **영국**

1936년 오늘 영국 런던의 수정궁이 불타올랐습니다. 1851년 만국박람회가 열린 수정궁은 철과 유리로 지은 건축물로 세인트 폴 대성당보다 3배나 큰 규모를 자랑했습니다. 내부에 설치한 유리 분수대는 유리 세공, 정밀기계, 자동장치 등 여러 기술을 투입한 화룡점정이었죠. 박람회가 끝난 뒤에는 전시회와 음악회 등이 열리곤 했습니다. 수정궁이 불타는 모습을 본 영국의 윈스턴 처칠은 "한 시대가 끝났다"라며 탄식했다고 합니다.

오늘의 한국사 1905년 고종의 시종무관장 민영환, 을사조약을 개탄하며 자결

1648년
뮌스터 조약

관련 국가 | **독일, 스페인, 네덜란드**

유럽의 중세는 가톨릭교회가 지배하는 시대였습니다. 일부 국가에는 왕이 있었으나 실제로 나라를 지배한 것은 강력한 힘을 가진 교황이었죠. 이런 교황은 진짜 왕이 되고자 독일과 인근 지역에서 세력을 키웠고, 신흥 종교인 개신교가 이에 반발하며 30년 전쟁이 일어났습니다. 1648년 오늘, 가톨릭 국가인 스페인으로부터 개신교 국가인 네덜란드의 독립을 인정하는 뮌스터 조약을 체결했고, 이후 베스트팔렌 조약을 맺음으로써 전쟁이 끝났습니다.

베스트팔렌 조약

오늘의 한국사 1948년 윤동주, 시집 《하늘과 바람과 별과 시》 초판 발간

11월

29일

1947년 팔레스타인 분할안 채택

관련 국가 | **팔레스타인, 이스라엘, 영국**

팔레스타인은 638년 이래 아랍인의 터전이었으나, 19세기부터 유대인이 이주하기 시작했습니다. 이때 영국은 유대인에게 팔레스타인 땅을 주는 대신 제1차 세계대전에 참전한다는 '사이크스-피코 협정'과 중동에 아랍 국가 건설을 약속한 '후세인-맥마흔 서한'이라는 이중계약을 맺었습니다. 팔레스타인과 이스라엘 사이에 분쟁이 일어나자 유엔은 1947년 오늘 팔레스타인 분할안을 통과시켰습니다. 하지만 이는 오히려 중동전쟁을 일으키는 원인이 되었습니다.

붉은색(아랍인) 푸른색(유대인)

1946년
유고슬라비아 국명 변경

관련 국가 | **세르비아, 크로아티아, 슬로베니아**

1918년, 유럽 발칸반도 지역의 세 민족은 '세르비아-크로아티아-슬로베니아 왕국'이라는 통합 왕국을 세웠습니다. 1929년에는 '남슬라브족의 나라'라는 뜻의 유고슬라비아 왕국으로 이름을 바꿨으나, 1941년 제2차 세계대전이 일어나며 강대국의 침공으로 왕국은 분열됐죠. 전쟁이 끝나고 1946년 오늘 6개의 공화국과 2개의 자치주로 분리된 유고슬라비아 연방인민공화국으로 국명을 변경했습니다. 2006년 유고슬라비아라는 국가 명칭은 역사의 뒤안길로 사라졌습니다.

유고슬라비아 연방

11 월

28 일

1520년
마젤란, 태평양 진입

관련 국가 | **스페인**

최초로 세계일주에 성공한 탐험가 페르디난드 마젤란이 1520년 오늘 세상에서 가장 큰 바다인 태평양에 진입했습니다. 1519년 스페인의 지원을 받아 5척의 배와 265명의 탐험대를 싣고 항해를 떠난 마젤란은 1년 3개월이 지난 오늘 대서양을 건너 남아메리카 해안을 따라 남쪽으로 내려갔고 알 수 없는 험난한 해협을 통과했습니다. 그는 자신의 앞에 새로이 펼쳐진 바다에 감격해 '태평양'이라 이름 지었습니다. 그가 지나온 해협은 마젤란 해협이라 불립니다.

태평양을 보여주는 최초의 인쇄 지도(1589년)

오늘의 한국사 2008년 존엄사 인정 국내 첫 판결

2월

11 월
27 일

1852년
에이다 러브레이스 사망

관련 국가 | **영국**

에이다는 1815년 영국의 낭만파 시인 바이런의 딸로 태어났습니다. 그녀는 어린 시절부터 수학적 재능이 뛰어났으나 결혼하면서 평범한 귀족으로 살아야 했죠. 그러던 중 수학자 찰스 배비지와 함께 '차분기관'이라 불리는 기계식 계산기를 함께 개발하게 되었습니다. 그녀는 기계가 특정한 식을 계산할 수 있는 명령문을 개발했는데, 이것이 바로 최초의 알고리즘입니다. 세계 최초의 프로그래머라 할 수 있는 에이다는 1852년 오늘 사망했습니다.

오늘의 한국사 2002년 개성공단 경제특구 지정

1902년 전족 금지령

관련 국가 | **청나라(중국)**

발이 작은 여자일수록 미인으로 여기던 옛 중국에서는 여자의 움직임을 제약하는 '전족'이라는 악습이 있었습니다. 다섯 살 무렵부터 어른이 될 때까지 발이 자라지 못하도록 꽁꽁 싸매곤 했는데, 10cm 남짓까지만 성장한 발은 부작용으로 발가락뼈가 부러지고 기형이 되어 잘 걷지도 못하는 경우가 많았습니다. 1902년 오늘 전족 금지령이 시행되면서 중국 여성들의 발은 해방을 맞기 시작했습니다.

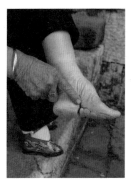

전족으로 변형된 발

오늘의 한국사 1919년 대한독립선언서 발표

11 월
26 일

1922년
투탕카멘 무덤 발굴

관련 국가 | **이집트, 영국**

3천 년 가까이 어둠 속에 묻혀 있던 이집트의 왕 투탕카멘의 무덤이 1922년 오늘 세상에 처음으로 모습을 드러냈습니다. 영국의 고고학자 하워드 카터는 이집트를 다스렸던 왕들의 무덤이 들어찬 계곡에서 한 무덤의 입구를 발견했고, 이는 기원전 1333년 9세의 나이로 이집트에 왕에 올라 18세에 사망한 투탕카멘의 무덤이었죠. 온전한 상태로 보존된 덕분에 당시 왕들의 매장 풍습을 알 수 있게 되었습니다.

무덤에서 발견한 황금가면과 투탕카멘 복원도

962년
신성로마제국 탄생

관련 국가 | **독일, 이탈리아, 프랑스**

476년 서로마제국이 멸망한 지 약 500년이 지난 962년 오늘, 오토 1세가 신성로마제국의 첫 황제로 즉위하면서 '로마'라는 칭호가 부활했습니다. 서유럽과 중유럽어 걸쳐 존속했던 신성로마제국은 1806년 유럽을 손에 넣은 프랑스의 황제 나폴레옹에 의해 공식 해체되며 역사 속으로 사라졌습니다.

신성로마제국의 황제 문장

오늘의 한국사 1895년 독립문 세우기 위해 영은문 철거

11_월

25_일

1986년
이란-콘트라 사건

관련 국가 | **미국, 이란, 니카라과**

1986년 오늘 레바논의 한 신문사는 '미국이 이란에 몰래 무기를 팔고, 그 돈으로 니카라과에서 반군 단체(콘트라)를 지원했다'라고 폭로했습니다. 이는 정말 심각한 일이었습니다. 세계의 경찰을 자처하며 "테러국가와의 협상은 없다"라고 선언했던 미국이 직접 테러국가로 규정한 이란에 무기를 지원한 셈이기 때문입니다. 이듬해 5월부터 3개월간 '이란-콘트라 청문회'가 열렸으나 레이건 대통령은 끝까지 무기 거래를 부인했습니다.

레이건 대통령(오른쪽)을 비롯한 이란-콘트라 사건 관련자들

오늘의 한국사 1938년 조선총독부, 신라시대 고분 유물 약탈

313년
밀라노 칙령

관련 국가 | **로마제국**

밀라노 칙령은 로마제국의 공동 황제 콘스탄티누스 1세와 리키니우스가 합의한 문서입니다. 그 내용은 '그리스도인들을 포함한 모든 이들이 전적으로 자유롭게 종교를 택하도록 한다'와 '디오클레티아누스 이래의 박해 시기에 몰수한 집회 장소와 재산을 무상으로 반환한다'입니다. 이는 기독교(그리스도교)를 포함한 모든 종교에 관용을 베푼 동시에 그동안 로마제국이 핍박했던 기독교를 옹호하는 입장으로 돌아선 것입니다.

오늘의 한국사 1966년 대한제국 마지막 황후 순정효황후 사망

11월
24일

1974년
루시 발견

관련 국가 | **에티오피아**

인류학자 도널드 조핸슨은 에티오피아 아파르 분지에서 인류 화석을 발굴하기 위한 조사단에 탐사대장으로 파견되었습니다. 그는 호수 바닥이 말라붙은 하다르 지역을 정밀하게 조사했습니다. 3년이 지난 1974년 오늘 폭우가 내린 뒤 빗물이 빠진 이곳에서 318만 년 전 인류의 화석이 발견됐습니다. 이 화석에는 '루시'라는 이름이 붙었고 루시는 오늘날 세계에서 가장 유명한 인류 화석이 되었습니다.

멕시코 국립 인류학 박물관의 루시 복원

오늘의 한국사 993년 서희 강동 6주 확보

1789년
미국 초대 대통령 선출

관련 국가 | **미국**

영국 식민지였던 미국은 1776년에 독립선언을 했고, 독립전쟁을 거쳐 1783년에 영국으로부터 독립을 승인받았습니다. 정부가 출범한 1789년 오늘 조지 워싱턴이 초대 대통령으로 선출됐습니다. 그는 8년간 벌어진 미국의 독립전쟁에서 총사령관으로 활약하며 미국의 독립을 이끌었습니다. 미국 지폐에는 독립전쟁에서 활약한 사람들이 새겨져 있는데, 최초의 지폐인 1달러의 주인공은 초대 대통령인 조지 워싱턴입니다.

오늘의 한국사 1986년 영남대 박물관, 1800년 전 금동관 복원 공개

11월
23일

1936년
〈라이프〉 창간

관련 국가 | **미국**

1936년 오늘 미국의 사진 잡지 〈라이프〉가 창간했습니다.
헨리 루스와 브리턴 헤이든은 국제 뉴스 전문지 〈타임〉에
이어 경제 전문지 〈포춘〉을 창간한 뒤, 세 번째로 〈라이프〉
를 창간한 것입니다. 사진 중심의 획기적인 편집으로 창간
4개월 만에 100만 부 이상의 판매고를 올린 〈라이프〉는 포
토저널리즘이라는 분야를 개척했으며, 다양한 분야에서 역
사적인 사진들을 남겼습니다.

1944년 6월호(드와이트 아이젠하워 장군)

오늘의 한국사 2010년 조선민주주의인민공화국 연평도에 포격

기원전 62년
폼페이 대지진

관련 국가 | **이탈리아**

고대 로마제국의 도시였던 폼페이는 로마 귀족들이 별장을
지었던 휴양지였습니다. 그런데 기원전 62년 오늘 대규모
지진이 일어나며 많은 건물이 피해를 입었습니다. 이로부터
17년 뒤, 베수비오 화산에서 굉음과 함께 화산이 폭발했고
엄청난 양의 뜨거운 화산재가 순식간에 폼페이를 뒤덮으며
하루아침에 도시가 사라졌습니다.

화산 폭발 당시 사망한 로마인들의 화석

1963년
존 F. 케네디 암살

관련 국가 | **미국**

1963년 11월에 존 F. 케네디 대통령 부부는 이듬해 대통령 선거를 앞두고 케네디 정부의 지지율이 낮은 텍사스주의 5개 도시 순회에 나섰습니다. 두 사람은 22일에 댈러스에 도착했고 환연 인파 속에서 카퍼레이드가 열렸습니다. 오후 12시 30분, 세 발의 총성이 울려 퍼졌고 동시에 케네디 대통령이 쓰러졌습니다. 머리에 총을 맞고 쓰러진 대통령은 병원으로 옮겨졌으나 30분 만에 숨졌습니다. 그의 나이는 46세였고, 대통령으로 재임한 지 3년 만이었습니다.

암살되기 몇 분 전 케네디 대통령

오늘의 한국사 2007년 친일 반민족 행위자 재산 410억 원 국가 귀속 결정

1952년
엘리자베스 2세 즉위

관련 국가 | **영국**

1952년 오늘 영국 국왕인 조지 6세가 폐암으로 사망하면서 그의 딸인 엘리자베스가 25세의 나이에 갑작스럽게 여왕 자리에 올랐습니다. 1년 후인 1953년 6월에 치른 대관식에는 각국 정상과 유럽 왕실 일원이 초대되었으며, 영국 최초로 TV에서 생중계되었습니다. 무려 70년간 왕위에 머무른 엘리자베스 2세는 나라가 어려울 때마다 중심을 잡아주었으며, 기존의 특권을 포기하고 시대의 변화를 받아들이며 국민에게 다가가려 노력한 왕으로 평가받습니다.

오늘의 한국사 1922년 조선총독부, 제2차 조선교육령 공포

2013년
유로마이단 혁명

관련 국가 | **우크라이나, 러시아**

강한 러시아를 꿈꿔온 푸틴은 2013년에 러시아-벨라루스-중앙아시아를 연결하는 유라시아 경제공동체를 구상해 서방에 맞서고자 했습니다. 그는 친러시아 성향의 빅토르 야누코비치 우크라이나 대통령까지 회유했죠. 그런데 2013년 오늘 우크라이나의 수도 키이우에서 유럽연합(EU) 가입을 공약으로 내세웠다가 반대한 야누코비치 대통령 퇴진을 요구하는 유로마이단 혁명이 일어났습니다. 이 혁명으로 야누코비치 대통령은 권좌에서 물러났습니다.

유로마이단 시위

오늘의 한국사 1997년 정부, 국제통화기금에 긴급 구제금융을 신청하며 외환 위기 발생

1971년 스위스, 여성 참정권 인정

관련 국가 | **스위스**

스위스는 유럽에서 가장 늦게 여성의 참정권을 인정한 나라입니다. 뉴질랜드가 1893년 세계 최초로 여성에게 참정권을 부여했고 이어서 호주가 1902년에 뒤를 따랐습니다. 유럽에서는 핀란드가 1906년, 독일이 1919년, 영국이 1928년, 프랑스가 1944년에 여성의 참정권을 인정했습니다. 스위스는 1971년이 돼서야 여성 참정권을 인정하며 마침내 여성도 투표할 수 있게 되었습니다. 우리나라의 여성 참정권은 해방 이후인 1948년에 도입되었습니다.

여성은 참석할 수 없었던 스위스의 란츠게마인데(주민총회)

오늘의 한국사 1951년 산청·함양 양민학살 사건

11월
20일

1989년
유엔아동권리협약

1989년 오늘 유엔 총회에서 아동권리협약이 채택되었습니다. 유엔아동권리협약은 아동을 특별한 보호와 배려를 받아야 하는 존재로 규정합니다. 동시에 어른과 마찬가지로 한 인간으로서 자신의 존엄을 지키며 스스로 권리를 행사할 수 있는 존재라는 것을 강조합니다. 이 협약은 세계에서 가장 많은 국가가 비준한 인권 조약이기도 합니다.

오늘의 한국사 1905년 장지연, 을사조약의 무효를 주장하는 〈시일야방성대곡〉 발표

1904년
러일전쟁 시작

관련 국가 | **러시아, 일본, 한국, 미국**

1904년 오늘 일본이 뤼순항에 있는 러시아제국의 극동함 대를 공격하며 러일전쟁이 발발했습니다. 이듬해 가을까지 계속된 전쟁은 두 나라가 대한제국에서 주도권을 쟁취하기 위한 무력 충돌이었습니다. 전쟁은 일본의 승리로 끝났고 두 나라는 미국 포츠머스에서 평화조약을 맺었습니다. 이때 러시아는 일본이 대한제국의 정치, 군사, 경제적 우월권을 가진다는 독점적 지위를 인정했습니다.

포츠머스 조약을 맺는 러시아와 일본

오늘의 한국사 1919년 도쿄의 재일 유학생들 2·8 독립선언 발표

11월
월

19일
일

1863년
게티즈버그 연설

관련 국가 | **미국**

미국 남북전쟁에서 가장 중요한 전투로 손꼽히는 것은 게티즈버그 전투입니다. 남부군 약 7만 5천 명, 북부군 약 10만 명이 전략적 요충지인 게티즈버그에 모였습니다. 남북의 사활을 건 전투는 3일간 지속됐고 치열한 전투 끝에 북군은 승리를 쟁취했습니다. 4개월 뒤, 링컨은 게티즈버그를 방문해 전사자들을 기리기 위한 추모 연설을 했고 여기서 '국민의, 국민에 의한, 국민을 위한 정부'라는 유명한 말이 탄생했습니다.

게티즈버그 연설 85주년 기념 우표

오늘의 한국사 1453년 수양대군이 계유정난을 일으킴

1950년 매카시즘 시작

관련 국가 | **미국, 소련(러시아)**

제2차 세계대전이 끝나고 2년이 지난 1947년에 미국의 트루먼 대통령은 중대 선언을 했습니다. '트루먼 독트린'이라 불리는 이 연설에서 트루먼 대통령은 공산주의가 세계에 확산되는 것을 막아야 한다고 주장했습니다. 냉전이 시작된 것입니다. 이런 상황에서 미국 상원의원 조지프 매카시가 1950년 오늘 소련이 미국 내부에 침투해서 미국을 지배하려 한다고 주장하면서 공산주의를 향한 공포가 미국 전역을 휩쓸었습니다. 이를 매카시즘이라고 합니다.

극단적 매카시즘을 보여주는 반공주의 만화

오늘의 한국사 1898년 독립협회, 종로에서 만민공동회 개최

11월 18일

1307년
빌헬름 텔의 사과

관련 국가 | **스위스**

14세기 초 스위스는 오스트리아의 지배를 받았습니다. 합스부르크 가문의 헤르만 게슬러는 광장의 보리수 밑에 자신의 모자를 걸어놓고 지나가는 사람들에게 인사하도록 강요했습니다. 그런데 활쏘기의 명수였던 빌헬름 텔이 이를 거부하자 그의 아들 머리에 사과를 올린 뒤 활로 맞히라고 명령했습니다. 보란 듯이 사과를 명중시킨 텔은 게슬러의 심장을 쏘기 위한 화살을 감췄다가 발각돼 체포되었으나, 훗날 게슬러를 화살로 죽이면서 영웅으로 떠올랐습니다.

오늘의 한국사 1884년 우정총국, 한국 최초 우표 발행

2월 10일

1923년
뢴트겐 사망

관련 국가 | **독일**

독일의 물리학자 빌헬름 뢴트겐은 1895년에 음극선에 관한 연구를 하던 중 빛이 새지 못하도록 막아놓은 검은 종이를 관통하는 미지의 방사선을 발견했습니다. 그는 새로운 광선에 원인을 규명할 수 없다는 의미로 'X선'이라 이름 붙였습니다. 2주 뒤 기존 광선보다 투과력이 큰 X선으로 아내의 손을 촬영해 뼈가 그대로 드러난 것을 확인했고, 우리가 흔히 '엑스레이'라고 부르는 이 업적으로 1901년에 최초의 노벨 물리학상을 수상했습니다.

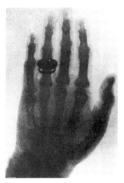

뢴트겐이 촬영한 아내의 손

오늘의 한국사 1948년 김구, 남한의 단독정부 수립에 반대 성명

11 월

17 일

1869년
수에즈 운하 개통

관련 국가 | **이집트, 영국**

과거에 유럽에서 아시아나 아프리카로 가려면 1만km 이상
을 항해해야 했습니다. 지중해와 홍해가 가로막혀 있었기
때문이죠. 이집트는 200km의 땅을 파서 지중해와 홍해를
잇는 운하를 계획했습니다. 그러나 자금과 기술력이 부족했
기에 프랑스의 페르디낭 드 레셉스라는 사업가가 운하를 건
설했고, 1869년 오늘 개통했습니다. 훗날 재정난에 시달린
이집트가 정부 지분을 내놓자 영국이 이를 사들이면서 사실
상 수에즈 운하를 관리하게 되었습니다.

수에즈 운하를 지나는 미국 전함

오늘의 한국사 1905년 을사늑약 체결

1534년
수장령 선포

관련 국가 | **영국**

영국의 왕 헨리 8세는 아들을 낳지 못하는 아내 캐서린과의 결혼을 무효로 만들고 싶었습니다. 하지만 당시 교회법과 교황은 이혼을 엄격히 금지했죠. 그러자 헨리 8세는 교황의 허락을 받을 수 없다면 더는 교황이 필요하지 않은 상황, 즉 교황이 아닌 자신이 잉글랜드 교회의 수장이 되는 수장령을 선포했습니다. 이제 영국의 모든 성직자는 왕에게 종속되었고 왕은 교회의 행정, 재정, 인사에 개입할 권한을 갖게 되었습니다. 이는 영국의 종교개혁으로 이어졌습니다.

영국의 종교개혁을 이끈 헨리 8세

오늘의 한국사 1896년 고종과 세자가 러시아 공사관으로 피신한 아관파천

2002년 사스 첫 발병

관련 국가 | **중국**

그간 사스(SARS), 메르스(MERS), 그리고 코로나19 같은 감염병은 우리를 공포로 몰아넣었습니다. 2002년 오늘 박쥐에서 시작해 중간 숙주인 사향고양이에게 옮겨간 '사스'라는 바이러스가 인간에게 전파됐습니다. 중국 광둥성 포산에서 지방 공무원으로 일하는 한 남자가 발열과 호흡곤란으로 쓰러진 것입니다. 그의 부인과 병문안을 왔던 친척도 잇따라 비슷한 증상을 보이며 쓰러졌고 사스는 전 세계로 퍼져나갔습니다.

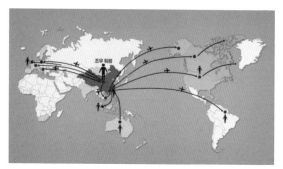

사스의 확산

오늘의 한국사 1457년 폐위된 단종 승하

1912년
청나라 멸망

관련 국가 | **청나라(중국)**

19세기 후반, 청나라를 다스린 서태후의 사치와 관리들의 부패로 굶어 죽는 사람이 늘고 백성들의 삶은 피폐해졌습니다. 더는 참을 수 없었던 사람들은 낡고 부패한 청나라를 무너뜨리고 새로운 중국을 건설하자며 행동에 나섰습니다. 이게 바로 1911년 10월 10일에 시작된 '신해혁명'입니다. 대세를 장악한 혁명 세력은 중화민국을 세웠고, 1912년 오늘 청의 마지막 황제인 선통제가 퇴위하며 청나라의 역사는 막을 내렸습니다.

중화민국 임시대총통에 취임한 쑨원

오늘의 한국사 1896년 총리 대신 김홍집, 농상공부 대신 정병하 등 피살

11 월

15 일

2022년
세계 인구 80억 명

2022년 오늘 전 세계 인구가 80억 명을 돌파했습니다. 유엔이 '세계 인구의 날'을 기념해 발표한 「2022년 세계 인구 전망」은 1950년 25억 명이던 세계 인구가 2022년 80억 명을 돌파했고, 2030년 85억 명, 2050년 97억명, 2100년 104억 명에 이를 것으로 예측했습니다. 2024년 기준 세계에서 가장 많은 인구가 살고 있는 나라는 인도로 2023년 중국을 제치고 14억 4천만 명을 기록했습니다.

오늘의 한국사 1990년 등화관제 종료

1945년
드레스덴 폭격

관련 국가 | **독일, 미국, 영국**

제2차 세계대전이 막바지에 접어든 1945년 2월 13일, 미국과 영국은 독일 작센주의 드레스덴에 대규모 폭격을 퍼부었습니다. 나흘간 펼쳐진 4번의 공습에서 영국 공군 폭격기 722대와 미국 육군 항공대 폭격기 527대가 3,900톤 이상의 고폭탄 및 소이탄을 투하했습니다. 유럽 전선 중 가장 큰 피해를 입은 이 폭격으로 2만 명이 넘는 민간인이 목숨을 잃었습니다.

폭격으로 폐허가 된 드레스덴을 내려다보는 동상

오늘의 한국사 1895년 정치인 윤치호, 조선 최초로 자신의 노비들을 풀어줌

1889년
80일간의 세계일주 출발

관련 국가 | **미국**

〈뉴욕 월드〉 신문사에서 근무하는 여기자 넬리 블라이는 1873년 출간한 쥘 베른의 소설 《80일간의 세계일주》라는 책을 읽고, 1889년 오늘 자신이 직접 그 경로를 따라가 보기로 했습니다. 작은 옷 가방 두 개를 들고 런던행 증기선에 올라탄 그녀는 미국 뉴욕에서 영국, 프랑스, 이탈리아를 거쳐 스리랑카와 홍콩, 인도를 지나 세계를 완주했습니다. 세계일주에 걸린 시간은 72일 6시간 11분이었습니다.

세계일주를 떠나는 넬리 블라이

오늘의 한국사 1980년 신군부 언론통폐합 단행

1946년
에니악 발명

관련 국가 | **미국**

1946년 오늘 에니악이 공식적으로 완공되었습니다. 에니악은 1946년에 만들어진 30톤짜리 초대형 공학용 계산기로 컴퓨터의 시초라 할 수 있습니다. 제2차 세계대전이 한창이던 1943년에 포탄이 날아가는 궤도를 계산하기 위해 개발을 시작했으나, 1945년에 전쟁이 끝나면서 실제로 전쟁에서 사용하지는 못했습니다. 대신 우주선 연구, 일기예보 연구 등 다양한 과학 분야에서 사용됐습니다.

거대한 크기의 에니악

오늘의 한국사 1910년 일본이 안중근 의사에게 사형 선고를 내림

11월

13일

1985년
루이스 화산 폭발

관련 국가 | **콜롬비아**

콜롬비아의 네바도 델 루이스산의 정상인 해발 5,300m에는 성층 활화산이 있습니다. 이 화산의 분화구는 빙하로 덮여 있고 분화구에서는 증기가 뿜어져 나옵니다. 1985년 오늘 화산이 폭발했고, 무수한 화산암과 거대한 빙하들이 하늘로 솟구쳐 올랐다가 떨어졌습니다. 이 폭발로 2만 5천여 명이 사망하는 최악의 인명 피해가 일어났습니다. 루이스 화산은 여전히 폭발 가능성을 가지고 있습니다.

2013년
첼랴빈스크 운석 낙하

관련 국가 | **러시아**

2013년 오늘 러시아 첼랴빈스크주 부근에 떨어진 운석이 폭발하면서 운석우가 내렸습니다. 미국항공우주국(NASA) 은 이 운석을 크기 직경 17m, 무게 1만 톤으로 추정했으며, 운석의 대기권에 들어온 후 약 30초 동안 태양보다 밝은 불빛이 일어났다고 밝혔습니다. 실제로 미국에서 붉은 불꽃이 밤하늘을 날아가는 것을 목격했다고 합니다. 이 사건으로 1,200여 명이 부상당했습니다.

운석이 지나간 자리에 남은 유성흔

오늘의 한국사 1725년 영조 탕평 추진

11월
12일

1927년
스탈린, 소련 장악

관련 국가 | **소련(러시아)**

역사상 가장 악명 높은 인물 가운데 하나인 소련의 독재자 이오시프 스탈린은 19세기 말 당대 러시아 최고의 사회주의 혁명가인 블라디미르 레닌의 글을 읽고 혁명 활동에 나섰습니다. 그는 레닌이 이끄는 볼셰비키당에서 차츰 세력을 키워나갔고, 레닌이 뇌출혈로 쓰러진 뒤에는 후계자로 주목받기 시작했습니다. 그리고 1927년 오늘 라이벌이었던 레프 트로츠키가 공산당에서 제명당하며 스탈린 1인 체제가 확정되었습니다. 스탈린이 소련을 장악한 것입니다.

오늘의 한국사 1948년 극동국제군사재판, 7명의 전범에게 교수형 선고

2005년
교토 의정서 발효

관련 국가 | **미국, 중국, 일본**

2월

16일

교토 의정서는 지구 온난화를 막기 위해 이산화탄소를 포함한 6가지 온실가스 배출을 감축하기로 한 국제 협약입니다. 2005년 당시 세계 온실가스 배출량의 55%를 차지하는 141개 국가가 교토 의정서를 비준하면서 2012년까지 온실가스를 평균 5.2% 감축하겠다고 선언했습니다. 그러나 온실가스 세계 3대 배출국인 미국과 중국, 인도가 나란히 불참하면서 목표 달성에 실패했습니다.

오늘의 한국사 1945년 윤동주 시인 일본에서 옥중 순국

1920년
무명용사의 묘

관련 국가 | **프랑스**

1920년 오늘 프랑스는 제1차 세계대전 참전 용사들의 넋을 기리기 위해 수도 파리의 개선문 아래 무명용사들의 유해를 안치했습니다. 서부 전선에서 발견된 이름도, 신원도, 나이도 알 수 없는 프랑스군들입니다. 원래 개선문은 프랑스의 황제 나폴레옹 보나파르트가 프랑스대혁명 이후 일어난 여러 전쟁에서 목숨을 잃은 병사들을 기리기 위해 1806년에 짓기 시작한 건축물입니다.

파리의 개선문

오늘의 한국사 1977년 이리역 열차 폭발 사고

624년
측천무후 탄생

관련 국가 | **당나라(중국)**

측천무후는 당나라 고종 이치의 황후로 자신이 집권한 시기에 무주 왕조를 세우고, 중국사 최초이자 유일한 여제로 즉위했습니다. 그녀는 나라의 이름을 '주'라고 지은 뒤 15년간 주나라의 황제로서 중국 대륙을 통치했습니다. 민생을 잘 보살폈다는 긍정적 평가와 야욕과 욕망에 빠져 공포정치를 휘둘렀다는 비난을 동시에 받았습니다.

11월
10일

1965년
〈해서파관〉 사건

관련 국가 | **중국**

공산주의가 자리 잡은 1959년 중국, 베이징 부시장이자 역사학자인 우한은 〈해서파관〉이라는 희곡을 발표했습니다. 명나라 시대 청백리인 해서의 파면을 다룬 이 작품은 발표 당시에는 국가 주석인 마오쩌둥의 호평을 받았습니다. 그런데 1965년 오늘 이 작품을 다룬 경극이 마오쩌둥을 비난하는 반사회주의 계급투쟁을 드러낸다는 글이 신문에 실렸습니다. 동시에 반공주의 세력이 문화예술계를 지배한다는 주장이 나왔고, 이는 문화대혁명으로 이어졌습니다.

문화대혁명을 일으킨 마오쩌둥

2^월

18^일

1930년
명왕성 발견

관련 국가 | **미국**

1930년 오늘 미국 로웰 천문대 비정규 직원이었던 고졸 출신의 23세 클라이드 톰보가 해왕성 바깥에 있는 제9의 행성인 명왕성을 발견했습니다. 동일한 지역의 밤하늘 사진을 2주 간격으로 두 장 촬영한 후 그 이미지 사이에서 위치가 바뀐 천체를 분석하는 방법으로 명왕성을 발견한 것입니다. 그러나 명왕성은 2006년 행성에서 퇴출되었고, 지금은 최초 발견자인 톰보의 이름을 따 '톰보 지역'으로 불리고 있습니다.

1989년
베를린 장벽 붕괴

관련 국가 | **독일**

1989년 오늘 냉전의 상징이자 독일 분단의 상징이던 베를린 장벽이 허물어졌습니다. 동독 당국이 서독으로의 여행 완화 조처의 시행 시기를 '즉각'이라고 잘못 발표하자, 동베를린 시민들이 한꺼번에 베를린 장벽으로 몰려들었고 무너진 것입니다. 이때 독일 국민은 동독, 서독 할 것 없이 모두 베를린 장벽으로 몰려들어 냉전 종식과 통일의 기대감에 들떠 축제를 벌였습니다.

베를린 장벽에 올라 환호하는 시민들

오늘의 한국사 1919년 항일 비밀결사 의열단 조직

1945년
이오지마 전투 시작

관련 국가 | **미국, 일본**

태평양전쟁 말기인 1945년 2월 서태평양의 요충지인 이오
지마섬을 두고 미국과 일본 사이에 피비린내 나는 전투가
벌어졌습니다. 일본은 이 작은 섬에 비행장과 레이더 기지
를 건설해 본토에 경보를 보내려 했고, 미국은 괌 일대를 점
령한 뒤 본토 폭격을 막는 이 섬의 일본군 기지를 없애려 했
죠. 태평양전쟁의 가장 치열한 전투로 불리는 이 대결에서
미국이 승리했습니다.

이오지마섬 스리바치산 정상에 성조기를 게양하는 미군

오늘의 한국사 1981년 우리나라 최초 세계지도인 〈혼일역대국도강리지도〉 발견

1923년
뮌헨 폭동

관련 국가 | **독일**

아돌프 히틀러가 속한 독일의 나치당은 1920년에 창설한 정당이지만 인기는 미미했습니다. 히틀러는 나치당을 동원해 우파가 집권하는 바이에른주를 장악한 뒤 좌파 사회민주당이 집권한 베를린으로 진군하려 했습니다. 1923년 오늘 뮌헨의 맥주홀에서는 공화국 혁명 5주년 기념 집회가 예정되어 있었고, 히틀러는 기관총으로 무장한 돌격대와 폭동을 일으켰습니다. 하지만 경찰이 투입되자 시위대는 대부분 도망갔고 히틀러는 체포되어 징역 5년을 선고받았습니다.

뮌헨 폭동 주동자들

오늘의 한국사 2009년 민족문제연구소 《친일인명사전》 발간

1582년
덴쇼 소년사절단 파견

관련 국가 | **일본, 독일, 이탈리아**

2 월

20 일

일본은 16세기에 다양한 방식으로 서구를 접했습니다. 포르투갈과 스페인 예수회 선교사와 네덜란드 동인도회사 상인들 덕분입니다. 일본 포교 성과를 알리고 싶었던 예수회 선교사들과 규슈 지방의 기독교도 영주는 4명의 소년을 유럽으로 보냈습니다. '덴쇼 소년사절단'이라 불리는 이들은 교황을 알현했고, 구텐베르크 인쇄기를 일본으로 들여와 동아시아 최초로 서양식 활판인쇄 서적을 찍어내기도 했습니다.

1586년 독일에서 인쇄된 덴쇼 사절단의 초상화

오늘의 한국사 1928년 의열단 김지섭 의사 지바형무소에서 순국

11월
7일

1917년 10월 혁명

관련 국가 | **러시아**

1917년 2월, 러시아제국의 황제 니콜라이 2세가 물러나고 임시정부가 들어섰습니다. 이 같은 격변 속에서 블라디미르 레닌이 이끄는 볼셰비키당은 모든 인간이 계급 차별 없이 평등하게 살아가는 사회주의 국가를 세우려 했습니다. 그리고 '농민에게는 토지를, 병사에게는 평화를, 노동자에게는 빵을!'이라는 구호 아래 사회주의 혁명인 '10월 혁명'이 일어났습니다. 당시 러시아는 율리우스력을 채택해 현재의 태양력보다 13일이 늦어 10월 혁명이라 불렀습니다.

10월 혁명 기념 우표

1848년 《공산당 선언》 출간

관련 국가 | **프랑스**

프랑스 혁명이 일어나기 직전인 1848년 오늘 청년 카를 마르크스와 프리드리히 엥겔스는 《공산당 선언》이라는 23쪽짜리 소책자를 출간했습니다. 두 사람은 이 책에서 모든 사회의 역사를 계급투쟁의 역사로 보고, 프롤레타리아 계급을 혁명 계급이라고 주장했습니다. 유럽 각국에서 자본주의가 세를 불리던 19세기 중반, 이 책은 자본주의 대 사회주의라는 격렬한 이념전쟁을 불러일으켰으며 러시아, 동유럽, 남미 등에서 사회주의 운동의 기초가 되기도 했습니다.

오늘의 한국사 1936년 신채호, 중국 뤼순형무소에서 순국

1860년
링컨, 대통령 당선

관련 국가 | **미국**

오늘날까지 미국 사람들의 사랑을 한 몸에 받는 대통령, 노예제도를 없애 자유와 평등의 상징이 된 에이브러햄 링컨. 일리노이주에서 성공한 변호사이자 정치인으로 알려졌던 그는 미국 대통령 선거를 앞둔 1860년에 정치계의 스타로 떠올랐습니다. 링컨은 미국이 추구하는 자유와 평등의 가치를 강조하며 노예제도 폐지를 주장했고, 1860년 11월 6일 제16대 미국 대통령에 당선됐습니다.

오늘의 한국사 1922 안창남, 우편비행 경기 우승

1819년
스페인, 플로리다 매각

관련 국가 | **미국, 스페인**

영국에서 독립해 13개주의 영토로 시작한 미국은 서부 지역 영토를 개척해 나갔습니다. 미시시피강 동쪽 아메리칸 원주민 구역과 루이지애나까지 영토를 확장한 미국은 1819년에 스페인령이었던 플로리다를 500만 달러에 사들였습니다. 이곳은 대서양과 남아메리카로 향하는 바닷길이 있고, 비옥한 토지로 이루어진 알짜배기 영토였죠. 또한 농장에서 일하던 흑인 노예들이 당시 플로리다로 자주 도망치자 이들을 잡기 위해 이 땅을 확보했습니다.

미국의 영토 확장

오늘의 한국사 1801년 천주교를 금하는 신유박해 시작

1906년
마리 퀴리, 교수 선발

관련 국가 | **폴란드, 프랑스**

과학자 마리 퀴리는 1867년 폴란드에서 태어났습니다. 당시 폴란드는 러시아제국의 지배를 받아 모국어를 사용할 수 없었고, 여성 교육을 장려하지 않아 대학에도 갈 수 없었죠. 이런 어려움을 딛고 최초의 이학 박사가 된 퀴리는 전 세계에서 유일하게 노벨상을 두 번(물리학상, 화학상)이나 수상하기도 했습니다. 그리고 1906년 오늘 퀴리는 파리 대학의 첫 여교수가 되었습니다. 많은 취재진이 몰린 소르본 대학 강의실에서 그녀는 취임 강의를 했습니다.

노벨 물리학상(1903년)

오늘의 한국사 1974년 제1땅굴 발견

1455년
세계 최초 《성경》 인쇄

관련 국가 | **독일, 한국**

독일의 금(金) 세공업자인 요하네스 구텐베르크는 1450년
경 서양 최초로 금속 활판 인쇄술 개발에 성공했습니다. 그
리고 1455년 오늘 금속활자로 42행 《성경》 인쇄를 시작했
습니다. 유럽에서는 금속활자 덕분에 《성경》과 책 가격이
크게 떨어졌습니다. 다만 세계에서 가장 오래된 금속활자본
은 1377년 고려의 우왕이 인쇄한 《직지심체요절》로 알려져
있습니다.

미국 의회도서관이 소장한 《구텐베르크 성경》

오늘의 한국사 1904년 한일의정서 체결

1952년
미국 국가안보국 설립

관련 국가 | **미국**

미국 국가안보국(NSA)은 베일에 싸인 조직입니다. 미국의 정보공동체 가운데 가장 비밀스러운 조직으로 1952년 오늘 설립됐습니다. 냉전 시대 초반 미국이 소련을 비롯한 공산주의 국가를 감시하는 방식은 서로 수집한 정보를 주고받으며 중앙 본부로 보내는 것이었습니다. 그런데 국가안보국을 설립하며 끊임없이 새로운 통신 기술과 암호 해독 기술을 개발하며 테러를 비롯한 다양한 정보를 관리하게 되었습니다. 현재는 미국 최대 정보기관의 역할을 합니다.

미국 국가안보국 본부

오늘의 한국사 1926년 최초의 한글날(가갸날) 기념식

2022년 러시아, 우크라이나 침공

관련 국가 | **러시아, 우크라이나**

2022년 오늘 세계 2위의 군사력의 러시아 군대가 새벽에 탱크와 장갑차를 몰고 우크라이나 국경을 넘었습니다. 하늘은 전투기와 헬기로 뒤덮였고 러시아군의 동시다발적인 대규모 공습이 시작됐습니다. 어딘가에서 느닷없이 다가온 미사일이 모두를 죽음의 공포로 몰아넣었고, 삶의 터전은 송두리째 불탔습니다. 같은 날 우크라이나는 계엄령을 선포했고, 남성들은 나라를 지키기 위해 징집되었습니다. 2025년을 바라보는 지금, 전쟁은 아직 끝나지 않았습니다.

러시아의 미사일 공격을 받은 우크라이나 키이우

오늘의 한국사 1637년 삼전도의 굴욕

11월 3일

1957년
스푸트니크 2호 발사

관련 국가 | **소련(러시아)**

1957년 10월 4일 세계 최초 인공위성인 스푸트니크 1호가
발사됐습니다. 소련은 여기서 멈추지 않고 사람을 우주에
보낼 계획을 세웠습니다. 이때 사람 대신 다른 생명체를 먼
저 우주로 보낸 뒤 그곳에서의 생존력과 적응 여부를 조사
하기로 했습니다. 1957년 오늘 온순한 성격의 유기견 라이
카가 스푸트니크 2호에 탑승해 우주로 쏘아 올랐습니다. 라
이카는 온도 조정 시스템의 오작동과 무중력 상태에 따른
스트레스로 끝내 살아서 돌아오지 못했습니다.

스푸트니크 2호에 실린 개 라이카

오늘의 한국사 1929년 광주학생항일운동

2월

25일

1948년
체코슬로바키아 쿠데타

관련 국가 | **체코슬로바키아(체코), 소련(러시아)**

제2차 세계대전에서 나치 독일이 패망하자 체코슬로바키아 망명 정부 인사들은 자신들의 나라로 돌아왔습니다. 이 시기 체코슬로바키아 국민은 자신을 독일로부터 해방시켜 준 소련에 호의적이었으나, 1947년부터 공산당의 인기가 크게 떨어졌습니다. 그러자 소련의 스탈린은 체코슬로바키아 공산당을 이끄는 클레멘트 고트발트에게 쿠데타를 명령했고, 내전과 소련의 개입을 두려워한 베네시 대통령이 항복하면서 40년간의 공산당 통치가 시작됐습니다.

프라하 구시가지 광장에서 열린 공산주의 시위

11월

2일

1917년 밸푸어 선언

관련 국가 | **영국, 이스라엘, 팔레스타인**

제1차 세계대전에서 승리하고 싶었던 영국은 유대인 시온주의자들이 팔레스타인에 나라를 세우고 싶어 한다는 사실을 이용했습니다. 영국의 외교장관 아서 밸푸어는 가장 유명한 유대인 가문인 로스차일드에 '영국 정부의 이름을 걸고 팔레스타인을 유대인에게 주겠다고 약속'하는 편지를 보냈습니다. 이를 밸푸어 선언이라고 합니다. 이는 훗날 이스라엘 국가 건설의 초석이 됐으나 아랍인에게는 용서받을 수 없는 일이 됐고 중동 갈등의 씨앗이 됐습니다.

Foreign Office,
November 2nd, 1917.

Dear Lord Rothschild,

I have much pleasure in conveying to you, on behalf of His Majesty's Government, the following declaration of sympathy with Jewish Zionist aspirations which has been submitted to, and approved by, the Cabinet

"His Majesty's Government view with favour the establishment in Palestine of a national home for the Jewish people, and will use their best endeavours to facilitate the achievement of this object, it being clearly understood that nothing shall be done which may prejudice the civil and religious rights of existing non-Jewish communities in Palestine, or the rights and political status enjoyed by Jews in any other country"

I should be grateful if you would bring this declaration to the knowledge of the Zionist Federation.

밸푸어가 로스차일드에 보낸 편지

오늘의 한국사 1968 울진-삼척 무장공비 침투

1936년
최초의 레이더 실험

관련 국가 | **영국, 독일**

1936년 오늘 영국에서 처음으로 레이더 실험을 시도했습니다. 레이더는 전파를 이용하여 물체를 탐지하고 거리를 측정하는 장치로, 영국은 이를 이용해 해안선을 따라 세운 높이 110m의 레이더 송수신 탑을 세웠습니다. 레이더 탑은 160km나 떨어진 항공기들을 탐지할 수 있었습니다. 몇 년 후 제2차 세계대전에서 독일과의 공중전을 치른 영국은 레이더를 이용해 독일 항공기의 접근을 사전에 파악해서 공중전을 유리하게 이끌었습니다.

레이더 송수신 탑

1512년
〈천지창조〉 완성

관련 국가 | **이탈리아**

1512년 10월 말, 유럽을 대표하는 예술가 미켈란젤로가 로마 바티칸 궁전 시스티나예배당 천장화 〈천지창조〉를 완성했습니다. 교황 율리우스 2세의 의뢰를 받아 1508년에 시작한 작품은 완성까지 4년이라는 시간이 걸렸습니다. 11월 1일인 오늘 모든 성인과 순교자를 기념하는 '만성절'의 의미를 담아 〈천지창조〉 제막식을 열었습니다. 천장화를 본 사람들은 어마어마한 크기와 완성도에 입을 다물지 못했다고 합니다.

오늘의 한국사 1908 최남선, 최초의 월간 종합지 〈소년〉 창간

1991년
걸프 전쟁 종료

관련 국가 | **이라크, 쿠웨이트, 미국**

1991년 1월 17일 새벽 2시 45분, 전운이 감돌던 이라크의 수도 바그다드에 폭발음이 울려 퍼졌습니다. 중동의 스탈린이라 불린 이라크의 독재자 사담 후세인이 쿠웨이트를 침공하며 시작된 걸프 전쟁은 이후 미국을 주축으로 총 39개국이 참여한 큰 전쟁으로 번졌습니다. 그 중심에는 검은 황금이라 불리는 석유가 있습니다. 20만 명의 희생자를 만들어낸 걸프 전쟁은 미국의 승리로 끝났고, 후세인은 사형을 선고받았습니다.

생포된 사담 후세인

오늘의 한국사 1876년 조일수호조규(강화도조약) 체결

11월

1947년
2·28사건 발생

관련 국가 | 대만

1947년 2월 27일, 중화민국의 린쟝마이라는 여인이 정부의 전매 독점품인 담배를 허가받지 않고 판매했고 이를 단속하던 경찰은 탈세를 빌미로 여인을 구타했습니다. 경찰이 시민을 폭행했다는 소문에 다음날 군중들은 경찰서로 몰려갔고 이 과정에서 경찰이 기관총을 발사하며 2·28 사건이 일어났습니다. 이후 시위는 확대되었고 정부의 무력 진압과 학살도 계속되었습니다. 사건은 5월 16일 중화민국 주석인 장제스가 공식적으로 사태 종료를 선언하며 마무리됐습니다.

항의하러 몰려든 군중

오늘의 한국사 1960년 대구에서 2·28 학생민주의거

10월

31일

1517년
종교개혁

관련 국가 | **독일, 이탈리아**

1517년, 교황청은 죄를 사해주는 '면벌부'를 발행했고 이는 날개 돋친 듯이 팔렸습니다. 교황과 교회가 권력을 이용해 신의 이름을 팔아 배를 불리는 타락을 두고만 볼 수 없었던 인물이 등장했습니다. 독일의 신학자 마르틴 루터가 돈으로 연옥을 통과할 수 있다고 주장하는 면벌부를 공개적으로 반대하며 「95개조 반박문」을 발표한 것입니다. 이 사건을 계기로 유럽 사회를 뒤흔든 종교개혁이 시작됐습니다.

가톨릭의 면죄부 판매

3월

1일 워터게이트 사건

2일 미국, 노예 수입 금지법 통과

3일 석유 시추 성공

4일 프리드리히 1세 즉위

5일 보스턴 학살

6일 드레드 스콧 사건

7일 피의 일요일

8일 스페인 독감 첫 환자 발생

9일 《국부론》 초판 간행

10일 도쿄 대공습

11일 플레밍 사망

12일 트루먼 독트린 공표

13일 KGB 설립

14일 메이지유신 선포

15일 카이사르 암살

16일 히틀러, 베르사유 조약 파기

17일 달라이 라마 망명

18일 러시아의 크림반도 합병

19일 사그라다 파밀리아 착공

20일 쑹자오런 암살

21일 지동설 발표

22일 아랍 연맹 창설

23일 세계기상기구 창설

24일 코소보 전쟁

25일 유엔 안전보장이사회 개최

26일 푸틴, 러시아 대통령 당선

27일 테네리페 공항 참사

28일 스페인 내전 종결

29일 진시황릉 발견

30일 시칠리아 만종 사건

31일 에펠 탑 준공

1961년
차르 봄바 실험

관련 국가 | **소련(러시아), 미국**

냉전 시대 미국과 소련은 언제든 서로에게 침공당할 수 있다는 공포심을 가지고 있었습니다. 이 때문에 언제든 공격 가능한 무기를 개발하는 데 엄청난 돈과 노력을 들였죠. 소련은 1961년 오늘 강력한 위력을 지닌 거대 무기 차르 봄바 수소폭탄 실험을 했습니다. 이 폭탄은 상상을 벗어난 위력을 보여줬는데, 핵 실험 장소인 노바야제믈랴 제도에서 1천km 떨어져 있던 핀란드 건물의 유리창이 충격파에 깨질 정도였습니다.

차르 봄바 폭탄

오늘의 한국사 1909년 일본군 '남한 폭도 대토벌 작전' 종료

1974년
워터게이트 사건

관련 국가 | **미국**

미국의 리처드 닉슨 대통령은 재선에 도전하던 1972년 6월에 민주당 선거본부인 워싱턴 D.C.의 워터게이트 호텔을 불법으로 도청하려고 시도했습니다. 이때 전직 CIA 요원이 동원되기도 했죠. 이 사실이 1974년 오늘 드러났고 미국은 발칵 뒤집혔습니다. 닉슨 대통령은 처음에는 부인했으나 녹음테이프라는 결정적 증거가 공개되었고 탄핵안 가결이 확실시되자 대통령에서 물러났습니다. 그는 미국 역사에서 임기 중 사퇴한 최초의 대통령입니다.

닉슨의 탄핵을 요구하는 시민들

오늘의 한국사 1919년 3·1 운동

10월
29일

2015년
한 자녀 정책 폐지

관련 국가 | **중국**

중국은 급속한 인구 증가를 막기 위해 1978년 한 자녀 정책을 강제로 시행했습니다. 이는 자녀를 한 명만 낳아야 하는 사상 최대 규모의 인구 조절 정책입니다. 다만 농어촌에서는 첫째가 딸이면 둘째까지 가질 수 있게 했습니다. 이를 어기면 벌금을 물게 했는데 2012년에 거둬들인 벌금이 3조 6천억 원이나 되었습니다. 2015년 오늘 이 정책을 폐지했으며 2016년에 두 자녀 정책을, 2021년에 세 자녀까지 허용하는 정책을 시행했습니다.

한 자녀 정책 포스터

오늘의 한국사 1909년 한국은행 설립

1808년 미국, 노예 수입 금지법 통과

관련 국가 | **미국**

미국은 목화 농사가 발달하면서 18세기 말부터 19세기에 걸쳐 노예제도가 구축되었습니다. 그러던 중 1808년 오늘 아프리카의 노예 수입을 금지하는 연방법이 통과되었습니다. 노예를 수입하다가 적발되면 벌금 800달러를 내야 했는데 당시 목수의 하루 일당이 1.75달러였습니다. 목수의 1년 반 임금을 내야 할 만큼 엄청난 금액이었죠. 또한 노예선을 제작하다가 발각되면 2만 달러의 벌금을 부과했습니다.

노예 경매 현장

오늘의 한국사 1909년 안중근 의사, 연해주에서 단지동맹

1886년
자유의 여신상 제막식

관련 국가 | **미국, 프랑스**

미국의 독립 100주년을 앞두고 프랑스는 특별한 선물을 보냈습니다. 미국 뉴욕항의 상징인 '자유의 여신상'입니다. 로마 신화 속 자유의 여신 '리베르타스'를 모델로 한 이 작품은 1875년부터 1884년까지 총 9년에 걸쳐서 제작됐습니다. 1년 후인 1885년 자유의 여신상은 350개로 분해돼 214개의 나무 상자에 담겨 뉴욕으로 옮겨졌습니다. 그리고 1886년 오늘 미국 뉴욕항 입구에서 자유의 여신상이 그 위용을 드러냈습니다.

프랑스에서 제작 중인 자유의 여신상

오늘의 한국사 1936년 조선어 연구회 《조선어 표준말 모음》 간행

1938년 석유 시추 성공

관련 국가 | **미국, 사우디아라비아**

미국의 소칼(SOCAL)이라는 석유회사는 1933년에 사우디아라비아에서 석유 개발을 하겠다고 나섰습니다. 6개의 유정을 뚫고도 실패했지만 포기하지 않고 노력하던 중 1938년 오늘 마침내 지하 1,440m에서 대량의 석유가 뿜어져 나왔습니다. 이때를 시작으로 석유를 생산한 사우디아라비아는 1939년에는 400만 배럴의 석유를 지하에서 끌어올렸습니다. 현재 우리나라가 하루에 쓰는 석유의 양이 약 270만 ~290만 배럴이니 어마어마한 양을 뽑아낸 셈입니다.

사우디아라비아의 수많은 유전

오늘의 한국사 1956년 대한증권거래소 개소

10월

27일

1930년
우서 사건

관련 국가 | **대만, 일본**

대만인은 예로부터 10여 개의 원주민과 대륙에서 이주해 온 한족으로 이루어졌습니다. 1895년 시모노세키 조약으로 대만을 식민지 삼은 일본은 급속한 근대화를 추진했습니다. 이 과정에서 원주민을 멸시했죠. 1930년 오늘 가혹한 지배와 무시에 지친 대만 원주민들이 봉기하는 우서 사건이 일어났습니다. 이 과정에서 약 130여 명의 일본인이 살해당했고, 일본군의 즉각 보복으로 수백 명의 원주민이 목숨을 잃었습니다.

우서 사건을 묘사한 동상

3 월
4 일

1152년
프리드리히 1세 즉위

관련 국가 | **신성로마제국, 독일**

1152년 오늘 프리드리히 1세가 프랑크푸르트에서 독일의 왕좌에 올랐습니다. 3년 뒤인 1155년에는 신성로마제국의 황제에도 올랐죠. 유난히 붉은 턱수염을 가져 '붉은 수염'이라 불린 그는 건장한 체격에 뛰어난 검술과 리더십으로 영토를 확장하며 황권을 강화했습니다. 무려 10만 명의 대군을 이끌고 제3차 십자군 전쟁에 나섰으나 1190년에 급작스럽게 사망하고 말았습니다.

10 월
26 일

1955년
베트남 공화국 설립

관련 국가 | **베트남**

1954년, 프랑스와 식민지 베트남이 벌인 전쟁이 8년 만에 베트남의 승리로 끝났습니다. 베트남의 독립 문제를 논의한 제네바 협정 결과, 베트남은 하노이를 중심으로 하는 북베트남과 사이공을 중심으로 하는 남베트남으로 분단됐습니다. 북베트남은 호찌민이라는 지도자 덕분에 안정되었으나, 남베트남은 1955년 오늘 군주제를 폐지하고 베트남 공화국을 설립했습니다. 초대 대통령인 응오딘지엠은 8년간 최악의 독재자로 군림했습니다.

남과 북으로 나뉜 베트남

1770년
보스턴 학살

관련 국가 | **영국, 미국**

1756년 일어난 7년 전쟁으로 재정적 부담을 떠안은 영국은 문제 해결을 위해 아메리카 식민지의 조세를 강화했습니다. 모든 인쇄물에 영국의 인지, 즉 도장을 사서 부착하게 한 인지법과 영국에서 수입하는 종이, 유리, 차 등의 품목에 관세를 붙이는 타운센드법 등을 만들었죠. 불만이 점점 커지던 중 보스턴에서 식민지 노동자와 주둔군 사이에 시비가 붙었고, 군인들이 군중을 향해 총을 쏘면서 유혈 사태로 번졌습니다. 이 사건으로 민간인 5명이 사망했습니다.

오늘의 한국사 1920년 〈조선일보〉 창간

1945년
대만 반환

관련 국가 | **청나라(중국), 일본, 대만**

1894년 7월 24일부터 1895년 4월 17일까지 조선에 대한 종주권을 둘러싸고 청나라와 일본 사이에 전쟁이 벌어졌습니다. 첫 해전을 벌인 지 8개월여 만에 전쟁은 일본의 완전한 승리로 끝났습니다. 이때 청일전쟁의 강화조약인 시모노세키 조약으로 대만이 일본에 할양되었습니다. 1943년, 제2차 세계대전 연합국은 일본에 대한 전략을 토의하는 카이로 회담을 했고, 대만 반환이 결정됐습니다. 2년 뒤 오늘 대만은 공식적으로 중화민국에 반환되었습니다.

카이로 회담에 참석한 중국, 미국, 영국

오늘의 한국사 1900년 칙령 제41호 반포, 울릉군의 관할구역에 독도 포함

3 월

6 일

1857년
드레드 스콧 사건

관련 국가 | **미국**

노예제도가 불법이던 북부 미국에서 오랫동안 자유의 몸으로 살던 드레드 스콧은 가족과 함께 고향인 남부로 돌아갔습니다. 그런데 여전히 노예제도를 유지하던 남부에서 그를 노예 취급하자 자유를 주장하며 소송을 제기했습니다. 1857년 오늘 사법부는 '노예(흑인)는 미국 시민이 아니므로 소송을 제기할 수 없다!'라며 소송 자체가 무효라는 판결을 내렸습니다. 이는 노예제도에 관한 최악의 판결로 불리고 있습니다.

오늘의 한국사 1883년 태극기를 대한제국의 공식 국기로 선포

10 _월

1945년
유엔 창설

24 _일

1945년 오늘 유엔(United Nations, 국제연합)이 창설됐습니다. 제2차 세계대전이 끝난 뒤 세계 평화와 각 나라의 정치·경제·사회·인도적 문제 등을 협력하기 위해 만들어진 기구입니다. 유엔이라는 명칭은 제2차 세계대전 중인 1942년 1월 1일에 발표한 '연합국 공동선언'에서 처음 사용한 것입니다. 현재 유엔 본부는 미국 뉴욕에 있으며 2024년 기준 193개국이 가입했습니다. 우리나라는 1991년에 북한과 동시 가입했습니다.

유엔 총회장

오늘의 한국사 1974년 〈동아일보〉〈조선일보〉〈중앙일보〉〈한국일보〉, 「자유 언론 실천 선언」 게재

1965년
피의 일요일

관련 국가 | **미국**

1865년 남북전쟁이 끝나고 흑인들은 노예가 아닌 미국 국민의 신분을 얻었으나, 모든 권리가 주어진 것은 아닙니다. 백인들의 위협과 방해로 유권자 등록이 어려워 참정권은 없는 것과 같았죠. 앨라배마주는 인구의 57%가 흑인이지만 유권자 등록률은 1%도 안 됐습니다. 1965년 오늘 셀마의 에드먼드 페투스 다리에서 유권자 등록을 거부당한 흑인의 투표권을 요구하는 비폭력 행진에 나선 흑인 600여 명을 경찰이 무력 진압했고, 이 사건을 피의 일요일이라고 합니다.

흑인을 무력 진압하는 경찰

오늘의 한국사 1956년 경주박물관 신라금관 도난

1944년 레이테만 해전

관련 국가 | **미국, 일본, 필리핀**

1944년 오늘 제2차 세계대전 중 가장 큰 해전으로 알려진 레이테만 전투가 벌어졌습니다. 앞서 1942년 미드웨이 전투에서 일본군을 상대로 승기를 잡은 미국은 필리핀의 레이테섬에서 치열한 전투를 벌였습니다. 나흘간의 전투에서 일본이 26척의 군함을 잃은 데 반해 미국은 7척의 군함을 잃는 데 그쳤습니다. 이 해전에서 일본의 자살 특공대인 가미카제가 처음 등장했으며 무려 1만 명이 넘는 일본군이 희생되었습니다.

포격당한 일본의 야마토함

오늘의 한국사 1996년 박기서, 백범 김구 선생을 암살한 안두희 살해

3 월
8 일

1918년 스페인 독감 첫 환자 발생

관련 국가 | **미국, 스페인**

제1차 세계대전이 한창이던 1918년 오늘, 미국 캔자스주의 군기지인 캠프 펀스톤에서 스페인 독감 환자가 처음 발생했습니다. 미국 전역의 다른 군사 캠프로 확산된 독감은 대서양을 건너 프랑스 및 독일, 벨기에 등의 서부전선 국가들에 전파되었죠. 그 결과 제1차 세계대전의 사망자가 1,500만 명인 데 반해 스페인 독감 사망자는 5,000만 명에 달했습니다. 전쟁으로 목숨을 잃은 사람보다 스페인 독감으로 목숨을 잃은 사람이 훨씬 더 많았던 것입니다.

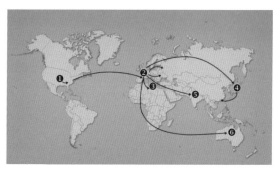

1918년 초 스페인 독감 전파

오늘의 한국사 1960년 대전광역시에서 3·8 민주의거

1962년
쿠바 미사일 위기

관련 국가 | **쿠바, 미국, 소련(러시아)**

미국의 자본주의와 소련의 사회주의가 대치하던 냉전 시기, 미국 정찰기가 공산주의 국가인 쿠바 상공을 비행하던 중 소련이 중거리 핵미사일 기지를 건설하는 장면을 포착했습니다. 쿠바와 미국의 거리는 150km로 쿠바에서 핵탄두 미사일을 발사하면 워싱턴을 쑥대밭으로 만들 수 있었죠. 1962년 오늘 쿠바 미사일을 두고 미국과 소련이 대립했습니다. 핵전쟁 일촉즉발 상황까지 갔던 위기는 미국과 소련의 필사적 외교로 종결되었습니다.

쿠바 미사일 기지 항공사진

1776년
《국부론》 초판 간행

관련 국가 | **영국**

계몽주의 시대였던 1776년 오늘 영국의 철학자인 애덤 스미스가 《국부론》을 출간했습니다. 1,000페이지가 넘는 이 책은 이윤 추구를 목적으로 하는 개인의 '보이지 않는 손'이 나라의 부(富)를 증대한다는 이론에 근거해 자유방임 경제를 주장합니다. '경제학'이라는 개념 자체가 없던 시절에 경제학이라는 학문을 탄생하게 했으며, 최초로 자본주의 사회를 체계적으로 파악했습니다.

오늘의 한국사 1896년 치하포 사건 발생

1805년
트라팔가르 해전

관련 국가 | **영국, 프랑스, 스페인**

1803년, 영국은 아미앵 평화 협정을 깨고 프랑스에 선전포고했습니다. 그러자 나폴레옹은 영국 침공 계획을 세웠죠. 1805년 오늘 나폴레옹은 33척의 프랑스-스페인 연합함대를 이끌고 스페인 남서쪽 트라팔가르곶으로 출항했습니다. 이에 영국 함대 27척이 맞섰죠. 영국의 넬슨 제독은 노련한 전술로 연합함대 33척 중 22척을 파괴하며 대승리를 거두었습니다. 다만 그는 전투 중 프랑스 저격범의 총을 맞아 목숨을 잃었습니다.

1945년
도쿄 대공습

관련 국가 | **일본, 미국**

제2차 세계대전에서 미국은 일본의 비인간적 행위를 멈추고 자국민의 희생을 최소화하고자 하루라도 빨리 전쟁을 끝내기로 했습니다. 1945년 오늘 300여 대의 폭격기가 도쿄 상공을 시커멓게 물들였고 1,500톤의 소이탄이 폭우처럼 하늘에서 떨어졌습니다. 불길은 삽시간에 건물과 사람들을 집어삼키며 빠르게 번져나갔습니다. 순식간에 잿더미가 된 도쿄에서는 10만 명 이상이 목숨을 잃었고, 우리나라 강서구 크기에 해당하는 면적에는 잿더미만 남았습니다.

3 월
10 일

잿더미가 된 도쿄

오늘의 한국사 1938년 도산 안창호 순국

1944년
가미카제 편성

관련 국가 | **일본**

제2차 세계대전 중 태평양 지역의 주도권을 미국에 빼앗긴 일본은 항복을 수치로 여기며 끝까지 저항했습니다. 그 중 하나가 1억 인구가 모두 죽을 때까지 싸우자는 '1억 총옥쇄' 작전입니다. 그 연장선으로 제2차 세계대전에서 인간을 폭탄으로 사용하는 자살특공대 '가미카제'가 등장했습니다. 한자로 '신풍'이라 부르는 가미카제는 신(神)이 불어주는 바람(風)에 폭탄을 싣고 날아가서 미 군함에 던지겠다는 의미였죠. 수세에 몰린 일본의 마지막 발악이었습니다.

가미카제 전투기

오늘의 한국사 1920년 청산리 전투 승리

3 월

11 일

1955년
플레밍 사망

관련 국가 | **영국**

1928년 영국 런던대학에서 유행성 독감을 연구하던 미생물학자 알렉산더 플레밍은 세균배양 접시에서 다른 박테리아를 모두 죽이고 혼자 살아남은 푸른곰팡이를 발견했습니다. 그는 실험을 거듭한 끝에 '페니실린'이라 이름 붙인 이 곰팡이가 다른 약물과 달리 백혈구에 전혀 해를 끼치지 않으며 여러 종류의 균에 항균 작용을 한다는 사실을 발견했습니다. 페니실린은 20세기에 가장 많은 희생자를 낸 독감, 급성 폐렴 등의 치료에 쓰이며 사망자를 크게 줄였습니다.

오늘의 한국사 2010년 무소유 법정스님 입적

10 월

19 일

1987년
검은 월요일

관련 국가 | **미국**

1987년 10월 19일은 월요일이었습니다. 주말이 지나고 뉴욕 증시가 개장하자마자 주식을 파는 주문이 쏟아졌습니다. 이날 하루에만 뉴욕 증시의 다우존스산업평균지수는 무려 22.6%나 폭락했습니다. 일일 하락폭으로는 최악의 낙폭을 기록했죠. 이날 이후 월요일의 증시가 대폭락할 때면 '검은 월요일'이라고 부르기도 합니다.

뉴욕증권거래소의 검은 월요일

오늘의 한국사 1948년 여수, 순천 10·19 사건 발생

1947년 트루먼 독트린 공표

관련 국가 | **미국, 소련(러시아)**

제2차 세계대전 종결 이후 소련은 서방과의 교류를 차단하고 주변 국가에 공산주의 체제를 심으려 했습니다. 이를 두고 볼 수 없었던 미국의 트루먼 대통령은 1947년 오늘 '트루먼 독트린'을 선언합니다. 미국은 공산주의의 위협에 처한 곳이라면 세계 어디든 개입해서 공산주의 확산을 막겠다는 이 선언으로 냉전 시대를 열었고, 이는 향후 미국 외교의 원칙으로 자리매김했습니다.

오늘의 한국사 | 1902년 독립운동가 박열 탄생

1867년
미국 알래스카 매입

관련 국가 | **미국, 러시아**

영국에서 13개 주로 독립한 미국은 서부를 개척하며 영토를 확장해 나갔습니다. 루이지애나와 플로리다, 텍사스, 오리건, 캘리포니아, 애리조나 등까지 확보했죠. 1867년에는 러시아제국이 크림전쟁의 여파로 재정적 어려움을 겪자 북아메리카 북서쪽 끝에 있는 알래스카를 720만 달러에 매입했습니다. 얼어붙은 쓸모없는 땅이라며 아이스박스로 불리던 알래스카였으나 이후 금, 철광석, 석탄과 석유가 쏟아져 나온 덕분에 미국은 엄청난 이득을 보았습니다.

미국 영토(노란색)와 알래스카주(빨간색)

오늘의 한국사 1979년 박정희 정부, 비상계엄 선포

1954년 KGB 설립

관련 국가 | **소련(러시아), 미국**

소련은 1950년대 초에 러시아 혁명 때부터 존재하던 비밀 경찰을 발전시켜서 국가보안위원회, 즉 KGB를 창설했습니다. 1991년 11월 6일까지 존속했던 KGB는 냉전 시기 세계에서 가장 영향력 강한 정보기관으로 여겨졌습니다. 소련에 KGB가 있다면 미국에는 중앙정보국 CIA가 있습니다. 미국과 소련의 두 정보기관은 냉전 시기에 자국의 이익을 위해 세계 곳곳에서 치열한 스파이 전쟁을 벌였습니다.

KGB vs CIA

오늘의 한국사 | 1944년 독립운동가 김마리아 순국

1978년
A급 전범 신사 합사

관련 국가 | **일본**

제2차 세계대전의 전범국가인 일본과 독일은 같은 전범 재판을 치렀으나 전범에 대한 책임에 대해서는 완전히 상반된 자세를 취해 왔습니다. 독일은 전범들의 잔혹함을 드러내며 전쟁에 대한 책임을 다하려는 반면, 일본은 B·C급 전범은 물론이고 A급 전범까지 야스쿠니 신사에 합사하는 만행을 저질렀습니다. 또한 A급 전범으로 사형당한 7인을 기리는 순국칠사묘를 기리며 전쟁의 책임을 부정하고 있습니다.

사형당한 A급 전범들

1868년
메이지유신 선포

관련 국가 | **일본**

메이지유신은 1868년 일본에서 정치, 사회, 문화의 대격변을 일으킨 왕정복고 쿠데타로 형성된 시대를 말합니다. 넓게는 일본 개항부터 20여 년간 추진한 부국강병, 산업 육성 등 서양을 따라가는 문명 개화의 시기이기도 하죠. 밝은 곳(明)을 향하여 다스린다(治)는 뜻의 '메이지'에 새로운 천명이라는 '유신(維新)'을 붙인 것입니다. 일본이 위기에 빠질 때마다 침략 전쟁으로 해결하는 끔찍한 행보가 시작된 기점이기도 합니다.

메이지유신 전후 천황 복장 비교

오늘의 한국사 1593년 임진왜란 중 행주대첩 승리

1793년
마리 앙투아네트 처형

관련 국가 | **프랑스**

1793년 1월 21일, 절대 왕정의 상징과도 같았던 프랑스의 국왕 루이 16세가 백성들의 손에 처형당했습니다. 그로부터 9개월 뒤인 10월 16일, 머리가 하얗게 센 또 다른 죄수 한 명이 끌려왔습니다. 루이 16세의 아내이자 프랑스의 왕비였던 마리 앙투아네트였죠. 그녀는 단두대에 올라갔고 결국 형장의 이슬로 사라졌습니다.

혁명 재판소에서의 마리 앙투아네트

오늘의 한국사 1979년 부마민주항쟁 시작

기원전 44년 카이사르 암살

관련 국가 | **로마 공화국**

기원전 44년 오늘 로마 공화국의 종신 독재관 율리우스 카이사르가 원로원 의원들에게 암살당했습니다. 쇠락한 가문 출신이었던 그는 로마 공화국의 주요 관직을 거치며 영향력을 키워나갔습니다. 정권을 장악한 뒤에는 공화정의 귀족 정치를 중앙집권화했으며 내전을 통해 스스로를 종신 독재관에 올렸습니다. 카이사르가 권력과 명예를 독차지하는 것에 불만을 품은 원로원은 로마 폼페이우스 극장에서 열린 원로회 회의에서 그를 공격해 암살했습니다.

오늘의 한국사 1938년 일본이 조선어를 교육과정에서 제외

1894년
드레퓌스 체포

관련 국가 | **프랑스, 독일**

1894년 프랑스 군부는 국가의 군사비밀이 독일 대사관을 통해 빠져나간다는 사실을 눈치챘고, 사건의 범인으로 유대계 장교인 알프레드 드레퓌스를 체포했습니다. 단서는 암호명 'D'와 군사비밀 자료 목록의 '필체'가 드레퓌스와 비슷하다는 것이었죠. 2년 후, 프랑스군 정보국장인 조르주 피카르 중령은 우연한 기회에 진짜 스파이를 밝혀내며 드레퓌스의 무제를 주장했습니다. 하지만 드레퓌스는 체포된 지 12년이 지난 1906년에서야 무죄 판결을 받았습니다.

드레퓌스의 해임식

오늘의 한국사 2001년 고이즈미 일본 총리 과거사 반성

1935년 히틀러, 베르사유 조약 파기

관련 국가 | **프랑스, 오스트리아**

제1차 세계대전의 패전국인 독일은 승전국인 프랑스 베르사유궁전에서 강화조약을 맺었습니다. 영토의 13%를 내주고 병력을 10만 명 이내로 제한하며 공군, 탱크, 잠수함 등 신식 무기 사용 금지와 천문학적 금액인 배상금도 지급해야 했죠. 이로 인해 독일은 최악의 인플레이션을 겪었습니다. 이런 상황을 틈타 1933년 총리에 오른 히틀러는 독일을 재무장한 뒤 1935년에 베르사유 조약을 파기했습니다. 이후 독일은 오스트리아를 침공했습니다.

베르사유 조약

1933년
독일, 국제연맹 탈퇴

관련 국가 | **독일**

제1차 세계대전에서 패배한 독일은 베르사유 조약에 따라 20년 안에 1,320억 마르크라는 배상금을 지불해야 했고, 전차나 전투기 등의 무기를 보유하거나 개발할 수 없었죠. 육군 병력도 10만 명으로 제한됐습니다. 1933년에 나치 정권을 수립한 독일의 히틀러는 군비 제한 조약을 지킬 수 없다며 오늘 국제연맹 탈퇴를 선언했습니다. 동시에 군비 확장에 박차를 가했습니다.

베르사유 조약

오늘의 한국사 2006년 반기문, 제8대 유엔 사무총장 선정

3월
17일

1959년
달라이 라마 망명

관련 국가 | **티베트, 인도, 중국**

티베트의 정치 종교 지도자인 '달라이 라마'는 몽골어와 티베트어를 합성한 말로 '큰 바다 같은 영적 지도자'를 뜻하며, 라마 불교에서는 부처의 환생이라고 믿는 존재입니다. 그런데 1950년에 중국은 티베트를 무력으로 점령해 종교·민족·문화 말살정책을 펼쳤습니다. 티베트에서는 공산화를 강행하려는 중국을 향한 저항운동이 일어났습니다. 제14대 달라이 라마는 9년간 중국과 협상을 벌였으나 목숨을 위협받았고, 1959년 오늘 인도에 망명했습니다.

제14대 달라이 라마 텐진 갸초

오늘의 한국사 1430년 최초의 농서 《농사직설》 배포

54년
네로, 로마 황제 즉위

관련 국가 | **로마**

네로는 로마 제국의 제5대 황제입니다. 사실 그는 후계자라는 위치와는 거리가 멀었습니다. 그런데 네로의 어머니 아그리피나는 권력을 위해 법을 바꾸고 근친혼을 강행해 황제의 4번째 황후가 되었습니다. 그녀는 아들 네로가 황제 후계자 1순위가 되자, 남편이자 로마 황제인 클라우디우스를 독살해 끝내 아들을 로마 황제로 만들었습니다.

네로와 아그리피나

3월 18일

2014년
러시아의 크림반도 합병

관련 국가 | **우크라이나, 러시아**

우크라이나의 최남단 흑해 북부 연안의 크림반도는 18세기 말까지 러시아제국의 땅이었습니다. 그런데 제2차 세계대전 이후 혼란스러운 상황에서 소련 내 우크라이나 민심을 수습하기 위해 러시아의 지도자 니키타 흐루쇼프가 크림반도를 양도했습니다. 시간이 흐르면서 크림반도가 군사적 요충지로 부상하자 2014년 러시아는 이곳에 무장 병력을 투입했고, 한 달도 지나지 않아 이곳은 러시아에 합병되었습니다.

크림반도 위치(연두색)

오늘의 한국사 1912년 조선총독부 「조선형사령」 제정(태형령 공포)

1810년
옥토버페스트

관련 국가 | **독일**

1810년 오늘 독일 바이에른에서 최초의 옥토버페스트가 열렸습니다. 10월의 축제를 뜻하는 옥토버페스트는 바이에른의 왕자 루트비히 1세와 작센의 테레제 공주의 결혼식을 축하하는 경마 경기에서 시작됐습니다. 1880년부터 맥주를 판매하면서 세계 최대 규모의 민속축제가 되었습니다. 매년 수백만 명의 관광객이 옥토버페스트를 방문합니다.

3 월

19 일

1882년
사그라다 파밀리아 착공

관련 국가 | **스페인**

스페인을 대표하는 건축물 사그라다 파밀리아 성당은 건축가 안토니오 가우디가 일생을 바쳐 설계하고 공사한 곳으로 '성스러운 가족 성당'이라는 뜻입니다. 1882년 공사를 시작한 이 건물은 140년이 넘는 동안 공사가 진행 중입니다. 1926년 가우디가 세상을 떠난 뒤에는 사망 100주기인 2026년 완공을 목표로 그가 남긴 설계도에 기초해 작업을 이어나가고 있습니다.

1968년
아폴로 7호 발사

관련 국가 | **미국**

1968년 오늘 세계 최초로 달 탐사 유인 우주선인 아폴로 7호
가 발사되었습니다. 미국 플로리다 공군기지에서 발사한 아
폴로 7호에는 선장 발터 시라, 조종사 돈 아이셀과 발터 커
닝햄까지 총 세 명의 승무원이 탑승했습니다. 아폴로 7호는
11일간 지구 둘레를 163바퀴 돈 뒤 10월 22일에 지구로 돌아
왔습니다. 덕분에 다음 해 7월에 아폴로 11호가 달에 무사히
착륙할 수 있었습니다.

아폴로 7호에 탑승한 승무원들

오늘의 한국사 1996년 경제협력개발기구(OECD) 29번째 회원국으로 가입 결정

3월
20일

1913년
쑹자오런 암살

관련 국가 | **중화민국(중국)**

1912년에 중국 최초로 치른 선거에서 혁명가 쑨원을 따르던 이들이 만든 '국민당'이 압승을 거뒀습니다. 이듬해 2월에는 중국 최초로 만든 의회에서 국민당이 강력한 다수당이 되었죠. 그런데 얼마 후 국민당의 대표인 쑹자오런이 암살당했습니다. 배후에는 과거 청나라 총리대신이자 당시 중화민국의 임시대총통인 위안스카이가 있었습니다. 국민당이 자신의 자리를 위협하기 전에 제거해 버린 그는 훗날 국민당을 없앴고 급기야 국회까지 해산시켰습니다.

위안스카이

1911년 신해혁명

관련 국가 | **청나라(중국)**

1911년 청나라는 서태후가 다스리던 시기로, 그녀의 엄청난 사치와 관리들의 부패로 굶어 죽는 사람이 늘고 백성들의 삶은 나날이 피폐해졌습니다. 더는 참을 수 없었던 사람들은 낡고 부패한 청나라를 무너뜨리고 새로운 중국을 건설하자며 행동에 나섰습니다. 이게 바로 1911년 오늘 시작된 '신해혁명'입니다. 우한에서 시작된 혁명의 물결은 대륙 곳곳으로 퍼져나갔고, 중국의 22개 성 가운데 17개 성이 청나라로부터 독립을 선언했습니다.

난징에서 벌어진 전투

오늘의 한국사 2024년 한강 작가, 노벨문학상 수상자 선정

1543년
지동설 발표

관련 국가 | **폴란드**

1543년 오늘 폴란드의 천문학자 니콜라우스 코페르니쿠스가 지동설을 발표했습니다. 이는 천문학에서 태양이 우주의 중심이고 지구는 태양의 주위를 도는 천체 중 하나라는 이론으로 '태양중심설'이라고도 합니다. 이미 30여 년 전에 지동설을 처음 떠올린 그는 종교 탄압이 두려워 공개하지 않았고, 죽기 직전에 지동설을 담은 책《천구의 회전에 관하여》를 출간했습니다. 그의 예상대로 지동설은 교회의 거센 비판을 받았습니다.

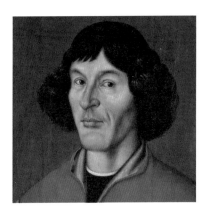

1967년
체 게바라 사망

관련 국가 | **쿠바, 볼리비아**

1967년 아르헨티나 출신 공산주의 혁명가 체 게바라가 볼리비아에서 총살됐습니다. 의대생이었던 그는 오토바이 한 대를 몰며 중남미를 여행했고 끊임없는 가난과 질병을 마주했습니다. 이 문제를 해결할 수 있는 것은 오직 혁명이라고 생각한 그는 직업적 혁명가가 되었습니다. 피델 카스트로와 힘을 합쳐 쿠바 혁명에 성공한 그는 또 다른 혁명을 위해 볼리비아로 향했고, 미국 CIA의 결정적 제보로 볼리비아 정권에 의해 사살됐습니다.

오늘의 한국사 1446년 세종대왕 《훈민정음》 반포

3 월

22 일

1945년
아랍 연맹 창설

관련 국가 | **이집트**

1945년 오늘 중동 6개국이 이집트 카이로에 모여 아랍 연맹을 창설했습니다. 아랍 연맹의 주요 목적은 '회원국 사이의 관계를 가까이하고 협력을 증진하며, 독립과 주권을 보장하고, 아랍 국가들의 문제와 이익을 공공적으로 고려하는 것'입니다. 1948년 5월 유대인 국가 이스라엘이 건국을 선언하자 다음 날 아랍 연맹은 이스라엘을 상대로 전쟁을 선언했으며, 이는 5차례에 이르는 중동전쟁으로 이어졌습니다.

아랍 연맹 문장

오늘의 한국사 1897년 경인선 착공

1856년
애로호 사건

관련 국가 | **영국, 청나라(중국)**

1856년 오늘 청나라 광저우에 정박하고 있던 영국 범선 애로호에 청나라 관원이 올라가 애로호 선원 12명을 해적 혐의로 연행했습니다. 애로호는 본래 영국 선적으로 영국 국기를 게양한 상태였으나 나포 당시에는 영국 선적 등록이 말소된 상태였죠. 광저우의 영국 영사는 선원들의 즉각 석방과 공개 사과를 요구했습니다. 하지만 청나라는 이를 거부했고 영국은 이 사건을 빌미로 제2차 아편전쟁을 일으켰습니다.

애로호 사건을 묘사한 그림

3 월

23 일

1950년 세계기상기구 창설

1950년 오늘 UN 산하 기상 전문 국제기구인 세계기상기구 (WMO)가 창설되었습니다. 대기과학, 기후학, 수문학, 지구 물리학 등의 국제 협력을 통해 세계적인 기상관측체제 수립, 기상학의 다양한 분야 응용, 개발도상국에서의 국가적 기상 서비스의 개발을 추진을 목표로 합니다. 이를 위해 날씨 예측, 대기오염 연구, 기후변화에 대응하는 활동을 하고 있습니다. 또한 오존층 파괴 연구, 태풍 예보 등 국제적 협력이 필요한 기상 연구를 지원하고 있습니다.

오늘의 한국사 1908년 전명운, 장인환 의거(대한제국의 친일 외교관 저격)

1919년
최초의 항공사 발촉

관련 국가 | **네덜란드**

1919년 10월 7일 조종사였던 알베르트 프레스만은 세계 최초의 민간 항공사인 KLM 네덜란드 항공을 설립했습니다. 이듬해 5월 암스테르담발 런던행 국제선 노선으로 첫 상업 비행에 나섰으며, 1921년에는 세계 최초로 항공권 예약과 판매를 담당하는 사무소를 차리기도 했습니다. 우리나라에는 1984년에 처음 취항했습니다.

KLM 100주년 기념 우표

3 월

24 일

1999년
코소보 전쟁

관련 국가 | **코소보, 세르비아**

코소보는 세르비아인들이 살던 지역이지만 14세기 이후 오스만제국이 지배하면서 이슬람교로 개종한 알바니아인들이 대거 이주해 땅을 차지했습니다. 그때부터 두 민족은 끊임없이 부딪혔습니다. 20세기 말 신유고연방에 속한 두 나라 사이에 분쟁이 시작됐습니다. 세르비아가 코소보 지역을 자신들의 땅으로 삼으려 했기 때문입니다. 미국의 주도로 이 전쟁에 관여한 NATO가 코소보의 편에 섰고, 세르비아가 항복을 선언하면서 코소보 전쟁은 막을 내렸습니다.

신유고연방 지도(주황색)

1973년
욤키푸르 전쟁

관련 국가 | **이스라엘, 이집트, 시리아**

1973년 오늘 이집트와 시리아가 이스라엘을 기습하면서 욤키푸르 전쟁으로 불리는 제4차 중동전쟁이 일어났습니다. 앞선 세 차례의 중동전쟁에서는 이집트와 아랍군이 모두 이스라엘에 크게 패했습니다. 이집트는 전과 같은 패배를 겪지 않기 위해 소련에서 최신 무기를 지원받아 공격했습니다. 당시는 냉전 시기로, 자본주의를 상징하는 미국과 공산주의 소련은 대립 중이었고 미국이 무기를 이스라엘에 무제한 지원하며 전쟁은 격화됐습니다.

수에즈 운하 위 다리를 건너는 이집트 군용 트럭

오늘의 한국사 1952년 백마고지 전투 시작

3월 25일

1946년 유엔 안전보장이사회 개최

관련 국가 | **미국, 러시아, 중국, 프랑스, 영국**

유엔 안전보장이사회는 회원국의 평화와 안보를 담당하는 유엔(UN)의 핵심 기관입니다. 5개의 상임이사국과 10개의 비상임이사국으로 이루어져 있으며, 국제적으로 분쟁이 발생했을 때 이를 평화적으로 해결할 절차를 권고하는 역할을 합니다. 상임이사국 중에서 한 국가라도 거부권을 행사하면 안건이 통과되지 않아, 5개의 상임이사국은 각 국가의 의중에 맞는 안을 통과시키기 위해 치열한 외교전을 벌입니다.

오늘의 한국사 1928년 민족대표, 중국 상하이에서 한국독립당 결성

2011년
스티브 잡스 사망

관련 국가 | **미국**

애플의 공동 창업자인 스티브 잡스가 2011년 오늘 췌장암으로 사망했습니다. 1976년에 스티브 워즈니악, 로널드 웨인과 함께 애플을 설립한 그는 경영 분쟁으로 잠시 애플을 떠났다가 1996년에 복귀했습니다. 2001년 아이팟, 2007년 아이폰을 출시하면서 스마트폰 시장에 큰 변화를 가져왔고, 혁신의 아이콘으로 불리기도 했습니다.

오늘의 한국사 1592년 부산포 해전 발발

3월
26일

2000년 푸틴,
러시아 대통령 당선

관련 국가 | **러시아**

블라디미르 푸틴은 오늘날 많은 논란과 비난을 받는 동시에 관심의 중심에 선 러시아 대통령입니다. 국제 정세에 큰 영향력을 발휘하고 있는 인물이기도 하죠. 2000년 오늘 푸틴은 53%의 지지를 얻어 마침내 대통령에 당선됐습니다. 정계에 입문한 지 10년, 대통령궁인 크렘린에 입성한 지 5년도 되지 않아 벌어진 일이었습니다. 장기 집권을 위한 법적 장치를 마련한 푸틴은 이변이 없다면 84세가 되는 2036년까지 대통령을 할 수 있게 되었습니다.

2024년 제5임기 취임식

오늘의 한국사 | 1910년 독립운동가 안중근 뤼순 감옥에서 순국

1957년 스푸트니크 발사

관련 국가 | **소련(러시아)**

1957년 오늘 소련은 세계 최초로 인공위성 '스푸트니크 1호' 발사에 성공했습니다. 전 세계 라디오에서 스푸트니크 1호의 신호음이 울려 퍼졌고, 미국은 패닉에 빠졌습니다. 당시 미국에서는 '스푸트니크 쇼크'라는 말이 나올 정도였습니다. 인공위성은 단순히 소련의 기술력이 미국을 앞지른 것을 넘어 대륙을 넘어설 수 있는 탄도미사일 기술을 보유했다는 것을 의미했기 때문입니다. 이는 소련이 핵탄두를 장착한 미사일로 선제공격을 할 수 있다는 것이었죠.

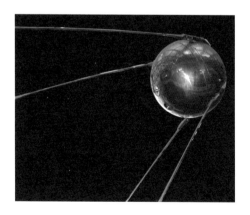

1977년
테네리페 공항 참사

관련 국가 | **스페인**

1977년 오늘 스페인 카나리아 제도 테네리페섬의 노르테 공항에서 지상 이동 중 활주로를 미처 벗어나지 못한 팬아메리칸 항공의 1736편과 이륙 중이던 KLM의 4805편 보잉 747 항공기가 활주로에서 충돌했습니다. 이 사고로 무려 583명이 목숨을 잃어 항공 역사상 최악의 참사로 기록되었습니다.

KLM 항공기의 파편

오늘의 한국사 1982년 한국 프로야구 출범

10 ^월

3 ^일

1993년
모가디슈 전투

관련 국가 | **소말리아**

1991년 소말리아에서 독재자 시아드 바레를 상대로 한 씨족 군벌들의 쿠데타가 일어났습니다. 이때 파라 아이디드 장군이 여러 군벌을 통합했고, 독재자 바레의 정부군과 아이디드의 반군이 치열하게 싸우는 내전이 벌어져 수도 모가디슈는 무법지대가 되었습니다. 그리고 1993년 오늘 미군이 아이디드를 제거하기 위해 특수부대를 투입하며 모가디슈 전투가 벌어졌습니다. 18시간의 전투에서 미국의 헬기 두 대가 추락했고, 미군은 소말리아에서 완전히 철수했습니다.

3월 28일

1939년
스페인 내전 종결

관련 국가 | **스페인, 이탈리아, 독일, 소련(러시아)**

1936년부터 약 3년간 수십만 명이 목숨을 잃은 스페인 내전이 오늘 종결됐습니다. 짧은 기간 동안 이토록 많은 사람이 희생된 것은 당시 유럽을 공포로 몰아넣은 세 명의 독재자 독일의 아돌프 히틀러, 이탈리아의 베니토 무솔리니, 소련의 이오시프 스탈린 때문입니다. 이들이 스페인 내전을 제2차 세계대전의 최종 리허설로 여기며 스페인뿐 아니라 전 세계에 깊은 상흔을 남겼습니다.

스페인에서 맞붙은 히틀러, 무솔리니 vs 스탈린

오늘의 한국사 1969년 서울대교구장 김수환 대주교 추기경 임명

1869년 간디 탄생

관련 국가 | **인도, 영국**

1869년 오늘 인도의 정신적·정치적 지도자인 마하트마 간디가 탄생했습니다. 마하트마(Mahatma)는 '위대한 영혼'이라는 뜻이며, 이는 인도의 시인 타고르가 지어준 이름입니다. 간디는 영국의 제국주의에 맞서 반영 인도 독립운동과 무료 변호, 사티아그라하 등 무저항 비폭력 운동을 전개해 나갔습니다. 간디의 생일인 오늘은 전 세계에서 '국제 비폭력의 날'로 기념하기도 합니다.

오늘의 한국사 1920년 일본 제국군이 조선인을 학살한 훈춘 사건 발생

1974년
진시황릉 발견

관련 국가 | **중국**

1974년 오늘 우물 공사를 하던 농부가 도기 인형과 쇳조각을 발견하면서 기록으로만 전해지던 고대 중국의 이야기가 수천 년 만에 세상 밖으로 나왔습니다. 광활한 대륙을 통일한 절대 권력자 진시황제의 무덤을 발견한 것입니다. 세계에서 가장 큰 무덤인 진시황릉은 지하 4층까지 내려가는 구조로 하나의 지하 도시 수준이라고 합니다. 현대의 과학기술로는 완벽한 발굴이 불가능해 최소 300년~최대 1천 년 후에나 복원이 가능할 것으로 추정합니다.

무덤 내부 병마용갱

오늘의 한국사 1795년 정조, 혜경궁 홍씨의 회갑연 위해 대규모 행차

1949년 중화인민공화국 수립

관련 국가 | **중국**

1945년 8월, 일본이 제2차 세계대전에서 항복을 선언하며 중일전쟁이 끝났습니다. 국민당의 장제스와 공산당의 마오 쩌둥은 단계적으로 중국에 민주주의 정치를 실현하며 내전을 피하고, 독립, 자유, 부강의 신중국을 건설하는 데 합의했습니다. 하지만 1946년에 국공 내전이 시작됐고, 1949년 4월 23일에 공산당군이 난징을 점령하면서 전쟁이 끝났습니다. 그리고 10월 1일, 마오쩌둥은 베이징 톈안먼 관망대에 서서 중화인민공화국의 수립을 선포했습니다.

오늘의 한국사 1956년 제1회 국군의 날 기념식

3월 30일

1282년
시칠리아 만종 사건

관련 국가 | **시칠리아(이탈리아), 프랑스**

이탈리아 남부의 섬 시칠리아 왕국을 지배했던 프랑스 출신 카를루 1세는 시칠리아를 식민지처럼 다루며 가혹하게 착취했습니다. 이에 불만을 품은 시민들은 부활절 월요일인 1282년 3월 30일에 저녁기도 종소리를 신호로 반란을 일으켰습니다. 이들은 밤새도록 무리를 지어 다니며 프랑스인과 협력자들을 살해했고 카를루 1세는 퇴출당했습니다. 이 사건은 훗날 아라곤 연합 왕국(트리나크리아 왕국)과 나폴리 왕국 간의 전쟁으로 이어졌습니다.

10월

1889년
에펠탑 준공

관련 국가 | **프랑스**

산업혁명으로 일궈낸 성과를 널리 알리고 싶었던 영국은 1851년에 44개국이 참가한 만국박람회를 개최했습니다. 이는 경쟁국인 프랑스의 시기심을 자극했죠. 프랑스는 1855년, 1867년, 1889년에 연달아 파리에서 박람회를 개최했습니다. 프랑스는 토목기술자 귀스타브 에펠에게 박람회에 걸맞은 건축물을 의뢰했고, 프랑스 혁명 100주년을 기념한 1889년 박람회에서 수직으로 뻗은 철조구조물인 에펠탑을 전시했습니다.

오늘의 한국사 1920년 태형령 폐지

1946년 뉘른베르크
국제군사재판

관련 국가 | **독일**

제2차 세계대전이 막바지에 이른 1945년에 미국, 영국, 소련은 종전 후 나치 독일 전범의 처리 문제를 사전에 논의했습니다. 그 결과 전범들의 전쟁 범죄를 처벌하기 위한 국제군사재판을 시행하기로 합의했죠. 1946년 오늘 나치 전범들을 단죄하기 위한 사상 최초의 국제군사재판인 뉘른베르크 재판의 판결이 내려졌습니다. 자살과 병으로 공판이 연기된 두 명을 제외한 12명은 교수형, 3명은 종신형, 4명은 징역형을 선고받았으며 나머지 3명은 무죄였습니다.

오늘의 한국사 1963년 이준 열사 유해 56년 만에 네덜란드서 귀환

4월

1938년
뮌헨 협정

관련 국가 | **독일, 영국, 체코슬로바키아**

1933년에 독일의 권력을 장악한 히틀러는 1938년에 오스트리아를 합병한 뒤 체코슬로바키아의 주데텐란트 지역을 요구했습니다. 체코슬로바키아는 강하게 반발했고 전쟁 직전의 상황이 벌어졌습니다. 전쟁을 막고 싶었던 영국과 프랑스는 체코슬로바키아의 주데텐란트를 분리해 독일에 합병하는 대가로 체코슬로바키아의 독립을 보장한다는 히틀러의 요구를 들어주었습니다. 이때 영국과 프랑스는 체코슬로바키아에 협상안을 받아들일 것을 강요했습니다.

뮌헨 협정을 맺은 각국 정상들

오늘의 한국사 1988년 여자핸드볼, 올림픽 구기 사상 첫 금메달

1918년 영국 공군 창설

관련 국가 | **영국, 독일**

제1차 세계대전은 기관총, 참호, 탱크, 독가스가 처음 등장한 전쟁입니다. 땅과 바다 외에 하늘에서도 싸우기 시작한 최초의 전쟁이기도 하죠. 독일군의 정찰기가 날아다니는 것을 본 영국군 조종사 두 명이 이를 격추하려 비행기에 경기관총을 싣고 전투 사격을 시작한 것이 전투기의 시초입니다. 이후 독일이 런던을 공습하자 1918년 오늘 영국은 세계에서 최초로 독립 공군을 창설했습니다.

영국의 전투기

오늘의 한국사 1938년 일본 「국가총동원법」 공표

9월 28일

1902년
리바이 스트라우스 사망

관련 국가 | **미국**

1848년 캘리포니아 새크라멘토 광산에서 일하던 목수가 사금을 발견하면서 금을 찾으려는 사람들이 캘리포니아로 몰려들었습니다. 이를 '골드러시'라고 합니다. 이때 금을 발견하지 않고도 부자가 된 사람이 있습니다. 광산에서 바위를 깨고 옮기는 광부들의 옷이 자주 해지는 것을 알게 된 리바이 스트라우스가 군용 천막과 돛천을 이용해서 튼튼한 옷을 만든 것입니다. 청바지라 불린 이 옷은 지금까지도 세계에서 가장 사랑받는 옷으로 자리 잡았습니다.

청바지를 입은 광부들

1982년
포클랜드 전쟁 시작

관련 국가 | **아르헨티나, 영국**

1982년 오늘 아르헨티나가 영국령 포클랜드 제도의 영유권을 주장하며 침공했습니다. 포클랜드 제도는 아르헨티나와 가까운 섬으로 1833년 영국이 점령한 뒤 영국계 주민이 다수 거주하고 있었습니다. 1980년 금리 인상 등으로 재정난이 극심해진 아르헨티나 정부는 국민의 관심을 다른 곳으로 돌리기 위해 포클랜드 제도를 침략한 것입니다. 영국의 마거릿 대처 총리는 3일 만에 원정군을 파견하며 탈환 작전에 나섰고 6월 14일에 아르헨티나군이 항복했습니다.

탈환 작전에 나선 영국군

오늘의 한국사 1930년 한국 최초 비행사 안창남 사고로 사망

1940년
삼국 동맹 조약

관련 국가 | **독일, 이탈리아, 일본**

제2차 세계대전이 한창인 1940년 오늘 독일, 이탈리아, 일본이 베를린에서 삼국 동맹 조약을 맺었습니다. 공식적으로 한편이 된 세 나라는 제2차 세계대전의 추축국이 되어 국제 질서를 재편하기로 했습니다. 조약 당사국 가운데 한 나라가 제2차 세계대전의 유럽 전선, 중일전쟁에 참전하지 않은 국가로부터 공격을 받는 경우 모든 수단을 동원해 서로를 지원한다는 내용이 담겨 있습니다.

삼국 동맹 조약 체결을 기념한 베를린 주재 일본 대사관

오늘의 한국사 1962년 서울운동장 야구장 개장

1948년 마셜 플랜 채택

관련 국가 | **미국**

제2차 세계대전을 치른 유럽은 그야말로 폐허가 되었습니다. 이때 유럽이 되살아나야 세계 시장이 활발해진다는 취지로 미국은 1948년부터 약 4년간 서유럽 16개국에 약 130억 달러 지원을 계획했습니다. 오늘 미국 국무부 장관 조지 마셜이 "미국이 세계의 정상적인 경제 회복을 돕기 위해 할 수 있는 모든 일을 해야 하는 것이 논리적입니다. 그렇지 않으면 정치적 안정도, 평화도 보장되지 않습니다"라고 선언한 것을 '마셜 플랜'이라고 합니다.

마셜 플랜 선전 포스터

1983년
우발적 핵전쟁 방지

관련 국가 | **소련(러시아), 미국**

1983년 오늘 핵전쟁으로 인류가 멸망할 뻔한 사건이 일어났습니다. 미국의 핵 공격을 감시하는 소련의 '세르푸호프-15 관제센터'에 비상경보가 울린 것입니다. 미국이 대륙간탄도미사일(ICBM)을 소련으로 발사했다는 경보였죠. 본래 핵 공격을 받으면 그에 대한 보복으로 핵미사일을 발사합니다. 경보를 확인한 관제센터의 스타니슬라프 페트로프는 냉철하게 상황을 파악해 컴퓨터의 오류라고 보고했고 핵전쟁은 일어나지 않았습니다.

드레스덴상을 수상한 스타니슬라프 페트로프

오늘의 한국사 2002년 개구리 소년 유골 11년 만에 발견

1949년 북대서양 조약 기구 창설

관련 국가 | **미국**

제2차 세계대전이 끝난 서유럽은 정치·경제·군사력이 바닥을 찍었습니다. 이때를 틈타 소련은 동유럽에 공산주의 세력을 확장하기 시작했고 서유럽마저 위협했습니다. 이에 서유럽은 미국에 도움을 요청했고 경제적으로는 마셜 플랜을, 군사적으로는 북대서양 조약 기구(NATO)를 탄생시켰습니다. 미국, 캐나다와 유럽 10개국 등 12개국이 참가해 창설했으며, 2024년 현재 32개국이 회원국으로 가입했습니다.

오늘의 한국사 1994년 애국지사 서재필 박사 유해 봉환

1912년
쑨원-위안스카이 회담

관련 국가 | **청나라(중국)**

중국의 혁명가 쑨원은 1912년 중국 역사상 최초의 공화국 정부인 중화민국을 수립했습니다. 그런데 중화민국 정부는 군사력이 부족했습니다. 청나라 황제와 군대가 버티고 있는 청나라를 타도하기 위해서는 강력한 군사력이 필요했습니다. 쑨원은 청나라 총리대신이자 최고의 군사력을 가진 장군인 위안스카이와 만나 청나라를 하나의 공화국으로 건설하는 조건으로 그에게 임시총통 자리를 넘겨주겠다는 협약을 맺었습니다.

중화민국 임시총통에 오른 쑨원

오늘의 한국사 1998년 한일어업협정 개정

1764년
설탕법 통과

관련 국가 | **영국, 미국**

1764년 오늘 영국 의회는 7년 전쟁으로 인한 부채를 갚기 위해 영국령이 아닌 식민지에서 수입하는 설탕에 높은 관세를 부가하는 법을 통과시켰습니다. 이후 와인, 커피, 직물 등으로 과세 대상이 확대되었습니다. 소비량이 많았던 백설탕은 100파운드(약 45㎏)당 현재 기준 약 20만 원의 관세를 부과했다고 합니다. 이후 영국은 인지세법, 타운센드법 등 식민지에 더 많은 세금을 부과했고 이는 미국 독립전쟁의 원인이 되었습니다.

설탕법을 주도한 영국 총리 조지 그렌빌

오늘의 한국사 1926년 독립 운동단체 고려혁명당 조직

1964년
베를린 통행 협정

관련 국가 | **독일**

독일은 1949년에 동독과 서독으로 분단되었습니다. 공산주의 국가가 세워진 동독에서 서독으로 넘어가는 사람들이 늘어나자 동독은 1961년에 베를린 장벽을 세웠습니다. 처음에는 43km의 철조망을 설치했으나 얼마 후 두꺼운 콘크리트 벽으로 바뀌었죠. 허가를 받은 사람만 왕래할 수 있었던 동독과 서독은 1964년 오늘 '베를린 통행 협정'을 맺었습니다. 서독 국민은 누구나 동독을 방문할 수 있고, 동독은 60세 이상 연금수혜자의 서독 방문을 허용했습니다.

오늘의 한국사 2002년 남북한 군당국 간 직통전화 첫 개통

1896년
최초의 근대 올림픽

그리스 올림피아에서 발견된 비문에 따르면 올림픽 경기가 처음 열린 것은 기원전 776년 신들의 신 제우스를 숭배하는 제전이라고 합니다. 4년에 한 번 5일간 진행된 올림픽 기간에는 전쟁 중인 도시국가도 무기를 내려놓고 경기를 치렀습니다. 서기 393년 고대올림픽이 폐지된 지 1503년이 지난 1896년 오늘, 평화 정신을 되살리는 제1회 근대 올림픽이 그리스 아테네에서 부활했습니다.

올림픽 개막식

오늘의 한국사 1950년 한국 역사상 최초 농지개혁 착수

1932년 사우디아라비아 왕국 성립

관련 국가 | **사우디아라비아**

9월 23일

오늘날 사우디아라비아의 홍해 인근 지방인 히자즈는 오스만제국의 지배 아래 있었습니다. 영국은 히자즈 지방의 지도자 샤리프 후세인의 도움으로 제1차 세계대전에서 오스만제국을 공격했고, 사우디아라비아 중부지역의 압둘아지즈에게는 자금을 지원했습니다. 압둘아지즈는 1921년 나즈드 왕국을 건설한 뒤 영국과 사이가 틀어진 히자즈 지방을 공격해 두 지역의 왕으로 군림했습니다. 1932년 오늘 두 왕국을 통합해 '사우디아라비아 왕국'을 세웠습니다.

살만 빈 압둘아지즈 알 사우드 국왕

1948년
세계보건기구 설립

보건 분야의 유엔 전문기구인 세계보건기구(WHO)가 1948년 오늘 설립되었습니다. 세계 인류가 가능한 한 최고의 건강 수준에 도달하는 것을 목적으로 하는 이 단체는 에볼라, 조류독감, 사스, 메르스, 코로나19 등 신종전염병이 등장할 때마다 뉴스에 가장 많이 등장하는 기구이기도 합니다. 세계보건기구의 엠블럼은 의학과 치료의 신 아스클레피오스를 상징하는 뱀이 감긴 지팡이입니다.

오늘의 한국사 1896년 한국 최초의 민간신문인 〈독립신문〉 창간

9월

22일

1980년
이란-이라크 전쟁

관련 국가 | **이란, 이라크**

이라크의 독제자 사담 후세인은 이란 땅에서 나오는 석유가 탐났습니다. 그는 이슬람 혁명으로 이란이 혼란한 상황을 틈타 이란을 침공하기로 했습니다. 1980년 오늘 이라크군의 기습 공격으로 이란-이라크 전쟁이 발발합니다. 이라크는 이란의 공군기지 10곳을 폭격하며 전쟁을 알린 것입니다. 전쟁은 무려 8년이나 계속되었고 100만 명이 넘는 사상자가 발생했습니다.

이란-이라크 전쟁 시작

1895년 난센의 북극 탐험

관련 국가 **노르웨이**

노르웨이의 탐험가이자 과학자인 프리드쇼프 난센은 1895년 오늘 북위 86도 14분 지점에 이르렀습니다. 이제껏 인간이 도달한 가장 북쪽의 지점이었죠. 그러나 식량 부족으로 북극점을 밟지는 못하고 아쉬운 발걸음을 돌렸습니다. 그의 도전을 계기로 수많은 사람이 북극점에 도달할 수 있다는 희망을 품게 되었고 북극점 탐험에 나섰습니다.

난센의 탐험대

오늘의 한국사 1975년 석가탄신일 제정

1792년
프랑스 공화국 수립

관련 국가 | **프랑스**

1789년 프랑스 대혁명이 시작됐습니다. 당시는 왕이 국가의 모든 권력을 가진 절대 왕정의 시기였습니다. 하지만 불평등한 신분제와 가혹한 세금 때문에 시민들이 굶어 죽을 위험에 처하자, 구체제인 절대 왕정과 군주제를 붕괴해야 한다며 혁명을 일으킨 것입니다. 1792년 오늘 국민의회는 프랑스의 왕정 폐지를 선언하고 공화국을 수립했습니다.

프랑스 대혁명

오늘의 한국사 1999년 우리나라 최초 소설 《금오신화》 최고본 발견

1865년
미국 남북전쟁 종식

관련 국가 | **미국**

영국에서 독립한 미국은 노예제도를 지지하는 남부와 이를 반대하는 북부로 분열되었습니다. 1860년 미국 남부의 7개 주가 연방을 탈퇴하며 남부 연합을 결성했습니다. 이듬해에는 미국 북부 연방군의 요새를 공격하며 남북전쟁이 시작됐습니다. 1865년 오늘 남부의 수도였던 리치먼드가 북군에 함락되고 남부 연합 총사령관인 로버트 리 장군이 항복 문서에 서명하면서 4년여에 걸친 전쟁이 끝났습니다.

남북전쟁에서 가장 참혹했던 게티스버ㄱ 전투

9월

20일

2001년
미국, 테러와의 전쟁

관련 국가 | **미국, 아프가니스탄**

2001년 9월 11일 국제적 테러 단체 알카에다가 미국 뉴욕에서 테러를 일으켰습니다. 두 대의 비행기가 쌍둥이 빌딩으로 돌격했고 건물이 무너지며 2,977명의 무고한 생명이 희생된 것입니다. 그리고 오늘 조지 W. 부시 대통령은 테러와의 전쟁을 공식 선포했습니다. 이후 미국은 테러의 주범이자 알카에다의 수장인 오사마 빈 라덴을 숨겨준 아프가니스탄을 공격했습니다.

오사마 빈 라덴

오늘의 한국사 | 1986년 서울 아시안 게임 개최

4월

10일

1710년 세계 최초 저작권 규제법 탄생

관련 국가 | **영국**

15세기 활판 인쇄술이 등장하면서 누구나 책을 복사해 팔 수 있게 되자 1557년 영국 왕실은 몇몇 출판사에만 출판 권리를 주었습니다. 이런 특혜를 대가로 출판사들은 왕실에 높은 세금을 냈죠. 1710년 오늘 영국 의회는 출판사 독점권을 폐지하고, 작가에게 권리를 주는 「앤 여왕법」을 만들었습니다. 이는 근대적 의미의 저작권법의 시초라 할 수 있습니다.

「앤 여왕법」 공표

오늘의 한국사 1919년 대한민국 임시의정원 창설

1893년 뉴질랜드, 최초 여성 참정권

관련 국가 | **뉴질랜드**

뉴질랜드 지폐에 새겨진 인물 가운데 두 명의 여성이 있습니다. 한 명은 영국 여왕 엘리자베스 2세이고, 다른 한 명은 여성의 선거권 투쟁에 앞장섰던 케이트 셰퍼드입니다. 1888년부터 의회에 여성 투표권 보장을 탄원했던 케이트는 뉴질랜드 성인 여성 인구의 4분의 1에 해당하는 인원의 서명을 받아 청원서를 제출했습니다. 그리고 1893년 오늘 뉴질랜드에서 세계 최초로 여성 선거권을 보장하는 법안이 공포됐습니다.

뉴질랜드 지폐에 그려진 케이트 셰퍼드

오늘의 한국사 1945년 〈해방일보〉 발간

1979년
독재자 이디 아민 퇴거

관련 국가 | **우간다, 탄자니아**

영국 식민지군 장교 출신의 이디 아민은 1962년 우간다가 독립하자 총사령관이 되었습니다. 그는 1971년 밀턴 오보테 대통령이 영연방 회의 참석을 위해 싱가포르로 출국하자 군사 쿠데타를 일으켜 권력을 손에 넣었습니다. 그는 집권 8년간 30만 명이 넘는 국민을 학살하며 우간다를 지옥으로 만들었습니다. 1979년 오늘 국경 분쟁을 이유로 한 탄자니아 침공에 실패해 이디 아민 정권이 붕괴됐습니다.

오늘의 한국사 1919년 대한민국 임시헌장 제정·발포

9일

18일

1981년
프랑스, 사형제도 폐지

관련 국가 | **프랑스**

1981년 오늘 프랑스가 전 세계에서 36번째로 사형제도를 폐지했습니다. 대통령에 당선된 프랑수아 미테랑이 인권에 위배되는 사형제도를 과감히 폐지한 것입니다. 사형제도가 속죄의 수단으로서 효과적이지 않다는 연구, 국가에 살인 면허를 부여함으로써 국가의 범죄를 합법화한다는 것, 만에 하나 발생할 수 있는 오판 등의 이유였습니다.

프랑수아 미테랑 대통령

1633년
갈릴레이 종교재판 시작

관련 국가 | **이탈리아**

이탈리아의 천문학자 갈릴레오 갈릴레이는 1633년 오늘 종교재판에 불려갔습니다. 지구가 우주의 중심이라는 천동설을 부정하고, 지구가 자전하면서 태양의 주위를 돈다는 코페르니쿠스의 지동설을 주창했기 때문입니다. 갈릴레이의 종교재판은 과학과 종교의 갈등을 상징적으로 드러내며 근대 과학의 발전에 큰 영향을 끼친 사건으로 평가됩니다.

종교재판에 선 갈릴레이

1978년
캠프데이비드 협정

관련 국가 | **이집트, 이스라엘, 미국**

이스라엘과 팔레스타인 분쟁은 수차례의 중동전쟁으로 이어졌습니다. 1977년 중동전쟁에 앞장섰던 이집트는 중동의 평화를 되찾아야 한다고 생각했고, 이스라엘도 이에 화답했습니다. 미국의 지미 카터 대통령은 1978년 오늘 이집트 대통령과 이스라엘 총리를 캠프데이비드 별장으로 불러 협상에 들어갔습니다. 이스라엘이 제3차 중동전쟁으로 점령한 시나이반도를 돌려주는 대신 미국이 이스라엘에 최첨단 조기경보시스템을 제공하는 협정을 맺은 것입니다.

협정에 조인 후 악수하는 세 나라의 대표

오늘의 한국사 1988년 제24회 서울 하계 올림픽 개막

4 월
13 일

1598년
「낭트 칙령」 발표

관련 국가 | **프랑스**

1562년 프랑스에서는 구교(로마 가톨릭)와 신교(개신교) 간의 갈등으로 전쟁이 벌어졌습니다. 프랑스는 개신교도를 '위그노'라 불렀는데 로마 가톨릭 세력이 이들을 학살한 것입니다. 32년간의 전쟁 끝에 위그노의 수장이었던 앙리 4세가 가톨릭으로 개종해 국왕에 올랐고, 1598년 오늘 신교도들에게 종교의 자유를 인정하는 「낭트 칙령」을 발표하며 전쟁이 끝났습니다.

「낭트 칙령」 원본

1620년 메이플라워호 출항

관련 국가 | **영국, 미국**

영국 런던에서 식민지 정착을 위한 첫 번째 배가 출항한 지약 14년이 지난 1620년 오늘, 영국의 플리머스 항구에서 '메이플라워호'가 출항했습니다. 아메리카 대륙으로 향한이 배에는 자본가와 상인, 기술자들 그리고 41명의 청교도를 포함한 100여 명이 탔죠. 굶주림과 혹독한 추위, 전염병이라는 우여곡절 끝에 메이플라워호 사람들은 신대륙에 도착했습니다. 100여 명의 영국인 중 53명만 살아남은 상태였습니다.

플리머스항에 체류 중인 메이플라워호

오늘의 한국사 1846년 조선 최초의 가톨릭 사제 김대건 순교

1865년
에이브러햄 링컨 암살

관련 국가 | **미국**

미국 남북전쟁이 끝난 지 5일 후인 1865년 오늘, 워싱턴 D.
C. 포드 극장에서 연극이 공연 중이었습니다. 관객의 박수
갈채가 쏟아지던 순간 한 남자가 서서히 누군가에게 향했
고, 잠시 후 한 발의 총성이 울려 퍼졌습니다. 동시에 총에
맞은 누군가가 쓰러졌습니다. 그는 미국인의 사랑을 한 몸
에 받던 에이브러햄 링컨이었습니다. 범인은 노예제도를 찬
성하는 남부 지지자인 존 위크스 부스였습니다.

오늘의 한국사 1885년 최초의 서양식 병원 광혜원 개원

1935년
「뉘른베르크법」 공포

관련 국가 | **독일**

독일 뉘른베르크에서는 1933년부터 1938년까지 매년 나치 전당대회가 열렸습니다. 1935년 오늘 열린 나치 전당대회에서 독일은 「뉘른베르크법」을 공포했습니다. 이로써 유대인은 독일 국적을 박탈당했고 유대인과 독일인의 결혼은 금지되었습니다. 또한 '게토'라고 하는 유대인 거주지역을 따로 만들어 격리 수용했죠. 「뉘른베르크법」은 유대인 학살을 위한 법적 기반을 마련한 것이었습니다.

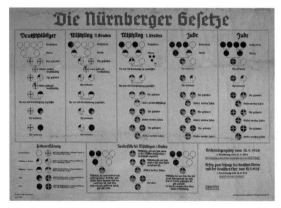

「뉘른베르크법」에 따른 인종 분류

---

4 월

15 일

1452년
레오나르도 다빈치 탄생

관련 국가 | **이탈리아**

1452년 오늘 천재 화가이자 조각가, 발명가, 건축가, 과학자, 해부학자, 지리학자, 천문학자, 수학자였던 레오나르도 다빈치가 탄생했습니다. 르네상스 시대를 대표하는 거장이자 인류 역사를 통틀어 가장 창의적인 인물로 불리는 그는 〈모나리자〉, 〈최후의 만찬〉을 비롯한 그림과 장갑차, 헬리콥터, 시계, 아치형 다리 등의 발명까지 놀라운 작품을 남겼습니다. 예술과 과학을 융합하려는 창의적인 시도는 지금까지도 높이 평가받고 있습니다.

〈최후의 만찬〉

오늘의 한국사 1919년 3·1운동에 대한 보복으로 제암리 학살 사건 발생

9월 월
14일

1960년
석유 수출국 기구 결성

관련 국가 | **베네수엘라, 사우디아라비아, 이란, 이라크, 쿠웨이트**

중동은 석유를 생산하는 산유국이 많은 지역입니다. 1948년 영국 석유회사가 이란에서 생산한 석유로 3억 달러가 넘는 돈을 벌었을 때 이란이 받은 돈은 3,600만 달러에 불과했습니다. 대형 석유회사의 횡포는 서방과 산유국 간 갈등으로 번졌고 1960년 오늘 베네수엘라, 사우디아라비아, 이란, 이라크, 쿠웨이트 5개국이 산유국의 권리를 찾기 위해 석유수출국기구(OPEC)를 결성했습니다.

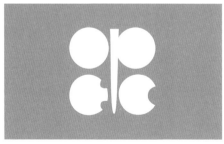

석유수출국기구 깃발

1917년
블라디미르 레닌 귀환

관련 국가 | **러시아**

19세기 말 서유럽에 불어온 자본주의의 물결로 러시아에는 많은 공장이 들어섰고 노동자도 늘어났습니다. 하지만 공장의 노동 조건은 참혹했고, 노동자는 노예처럼 부려졌죠. 서유럽에서는 이 문제를 해결할 방법의 하나로 사회주의가 떠올랐습니다. 러시아의 혁명가 블라디미르 레닌은 볼셰비키당을 만들어 사회주의 혁명에 앞장섰으나 시베리아로 추방되었습니다. 이후 서유럽으로 망명한 그는 니콜라이 2세가 황제 자리에서 물러나자 1917년 오늘 러시아로 귀환했습니다.

러시아로 돌아온 레닌

정보가 없어요

9월 13일

1916년
로알드 달 탄생

관련 국가 | **영국**

《찰리와 초콜릿 공장》《마틸다》 등의 작품으로 전 세계 어린이의 사랑을 받은 작가 로알드 달이 1916년 오늘 영국에서 탄생했습니다. 어린 시절 그가 다녔던 학교에는 한 초콜릿 회사가 새로 나온 초콜릿을 정기적으로 보내주곤 했습니다. 그 회사에 초콜릿을 개발하는 비밀의 방이 있을 거라 믿었던 로알드 달은 어렸을 때의 상상력을 가지고 《찰리와 초콜릿 공장》이라는 책을 썼다고 합니다.

아이들과 함께하는 로알드 달

1975년 크메르루주 캄보디아 장악

관련 국가 | **캄보디아, 미국**

캄보디아의 부유한 집안에서 태어나 프랑스 유학까지 다녀온 폴 포트는 공산주의 사상에 빠졌고, 급기야는 1960년대에 '크메르루주'라는 인민 해방군을 조직했습니다. 미국의 지원을 받는 캄보디아 정부와 공산주의를 대표하는 크메르루주는 몇 년에 걸쳐 치열한 내전을 벌였습니다. 수많은 희생자를 낳은 전쟁은 미국이 인도차이나에서 철수한 틈을 타 크메르루주가 캄보디아를 차지하며 끝났습니다. 이후 폴 포트는 캄보디아를 피로 물들인 최악의 학살자가 되었습니다.

캄보디아 수도 프놈펜에 입성하는 크메르루주

1940년
라스코 동굴 발견

관련 국가 | **프랑스**

1940년 오늘 프랑스 남서부의 몽티냐크 마을에 사는 10대 소년 4명은 집 주변의 라스코 언덕에 올랐습니다. 마을에는 언덕에 중세시대의 성으로 통하는 비밀통로가 있다는 전설이 내려왔는데, 얼마 전 덤불 사이로 구덩이가 드러났기 때문이었죠. 구덩이 속 터널을 가로질러 내려간 소년들은 살아 있는 듯이 생생한 동물 그림이 가득한 벽면을 발견했습니다. 1만 7천 년 전의 라스코 동굴 벽화는 이렇게 세상에 모습을 드러냈습니다.

오늘의 한국사 1921년 김익상 의사, 조선총독부 투탄 의거

4 월 18 일

1906년
샌프란시스코 대지진

관련 국가 | **미국**

1906년 오늘 규모 7.7이 넘는 엄청난 강진이 미국 샌프란시스코를 덮쳤습니다. 지진은 가스관을 파괴해 대규모 화재를 일으켰고 송수관까지 터지면서 피해는 걷잡을 수 없이 커졌습니다. 며칠간 화재가 지속되며 샌프란시스코의 80%가 파괴되었고 3,000명이 넘는 희생자가 발생했습니다. 추산 피해액은 약 4억 달러로 이는 그해 미국 국민총생산의 1.4%에 해당하는 엄청난 규모였습니다.

오늘의 한국사 1949년 해병대 창설

2001년
9·11 테러

관련 국가 | **미국**

2001년 오늘 미국 경제를 상징하는 뉴욕의 쌍둥이 빌딩, 세계무역센터를 두 대의 비행기가 덮쳤습니다. 모건스탠리, 리먼 브라더스, 뱅크오브아메리카, 보잉 등 유명 기업이 모여 있던 뉴욕 한복판의 110층짜리 초고층 빌딩 두 채는 무너지고 말았습니다. 그리고 또 다른 비행기가 미국 국방을 상징하는 워싱턴의 펜타곤으로 돌진했고, 건물 일부가 붕괴됐습니다. 범인은 국제적 테러 단체 알카에다의 수장 오사마 빈 라덴이었습니다.

오늘의 한국사 1919년 대한민국 통합 임시 정부 출범

1241년
레그니차 전투

관련 국가 | **몽골, 폴란드**

아시아를 넘어 유럽을 정복하기로 한 몽골군은 1241년 폴란드를 침공했고 레그니차 전투가 벌어졌습니다. 유럽 연합군의 선제공격에 몽골 기병은 말을 돌려 도망치기 시작했습니다. 이는 기마 유목민족의 고전적인 유인 공격 방식인 위장 후퇴였죠. 적을 속인 몽골군은 뒤돌아서 화력을 집중해 화살을 날리는 파르티안 기술(뒤돌려 쏘기)을 썼고 유럽 연합군은 전멸했습니다. 이후 몽골은 태평양 연안에서 동유럽, 시베리아, 페르시아만에 이르는 대제국이 되었습니다.

뒤돌아서 활 쏘는 몽골군

오늘의 한국사 | 1960년 4.19 혁명

1963년 흑인, 백인학교 최초 입학

관련 국가 | **미국**

1963년 오늘, 미국 앨라배마주 버밍햄에서 백인들만 다니던 학교에 미국 역사상 최초로 흑인 학생 20명이 입학했습니다. 9년 전에 미 연방대법원은 공립학교에서 백인과 흑인의 인종 분리는 위헌이라는 '브라운 판결'을 내렸으나, 여전히 인종차별은 심각했습니다. 특히 버밍햄은 백인들이 흑인에게 테러를 가할 만큼 인종차별이 심각한 도시였으나 정부의 개입과 시민들의 지지 덕분에 흑인 학생들은 집에서 가까운 학교에 다닐 수 있게 되었습니다.

앨라배마 대학교에 입학한 최초의 흑인

오늘의 한국사 1910년 독립운동가 황현 자결

1999년 콜럼바인 고등학교 학살

관련 국가 | **미국**

1999년 오늘 전 세계를 경악하게 만든 참극이 벌어졌습니다. 미국 콜로라도주의 콜럼바인 고등학교에 다니던 17세의 딜런 클리볼드와 18세의 에릭 해리스가 점심시간 무렵 학교에 난입해 사람들에게 무차별 총격을 가한 것입니다. 이때 이들이 사용한 실탄은 무려 900여 발로, 12명의 학생과 한 명의 교사가 사망했습니다. 이들은 곧 출동한 경찰과 총격전을 벌였고 결국 극단적인 선택을 했습니다.

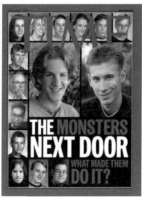

사건의 용의자(컬러)와 희생자(흑백)

오늘의 한국사 1907년 고종, 헤이그 특사 임명

1927년
추수폭동

관련 국가 | **중국**

1927년에 중국 국민당의 정권을 잡은 장제스는 공산당 및 공산주의자에 대한 대대적인 숙청작업을 벌였습니다. 이에 중국공산당 중앙위원회는 긴급회의를 열고 농민의 토지개혁을 결의하며 무력투쟁에 나서기로 했습니다. 농민들의 가을걷이가 끝난 9월 9일, 중국 각지에서 동시다발로 농민의 무장봉기가 시작됐습니다. 이를 추수폭동이라고 합니다. 그러나 곧 국민당이 반격하며 봉기는 실패하고 말았습니다.

추수폭동의 불길을 당긴 마오쩌둥

오늘의 한국사 1922년 태극단 결사대, 일본 경찰과 교전

1509년 헨리 8세, 잉글랜드 왕위 계승

관련 국가 | **잉글랜드(영국)**

잉글랜드 튜더 왕조의 헨리 7세의 둘째 아들로 태어난 헨리 튜더의 왕위 계승 가능성은 그리 크지 않았습니다. 형인 아서 튜더가 왕위를 물려받을 예정이었기 때문이죠. 하지만 형의 갑작스러운 죽음으로 동생인 헨리가 튜더 왕조의 왕위 계승자 1순위가 되었습니다. 1509년 오늘 헨리 7세가 사망하고 헨리 8세가 왕위를 계승했습니다. 6번이나 결혼할 만큼 심각했던 그의 여성 편력은 영국의 역사를 뒤바꾸고 세계사에도 큰 영향을 미쳤습니다.

1858년
무굴제국 멸망

관련 국가 | **인도, 영국**

1690년 영국은 인도 콜카타에 동인도회사 교역소를 세우고 인도를 침략하기 시작했습니다. 당시 인도는 무굴제국이 통치했으나 이미 쇠약해질 대로 쇠약해져 제대로 싸워보지도 못했습니다. 결국 1857년에 영국 동인도회사에서 고용한 인도인 용병 세포이들이 반란을 일으켰습니다. 하지만 이듬해 오늘 영국이 승리하며 무굴제국은 역사 속으로 사라졌고 영국령 인도 제국을 수립했습니다. 본격적인 영국의 식민지 지배가 시작된 것입니다.

무굴제국이 건설한 타지마할

오늘의 한국사 1948년 맥아더 포고문 발포

1939년
나치 독일 핵 개발

관련 국가 | **독일, 미국**

인류 최악의 발명품인 핵폭탄은 독일과 함께 출발합니다. 악마의 화신 히틀러가 핵무기를 손에 넣을 수 있다는 소식이 유럽과 미국의 과학계에 퍼지면서 핵폭탄의 역사가 시작된 것이죠. 1939년 오늘 독일은 비공식적으로 '우라늄 클럽'으로 알려진 단체를 조직해 핵 개발 연구를 시작했습니다. 히틀러와 나치의 손에 핵폭탄이 들어간다는 것은 인류의 종말을 의미했기에, 미국의 프랭클린 루스벨트 대통령은 고민 끝에 과학자들을 모아 핵폭탄을 개발하기로 했습니다.

독일의 핵 연구용 원자로

1940년
런던 대공습

관련 국가 | **영국, 독일**

제2차 세계대전이 본격적으로 시작되자 영국과 독일이 맞붙었습니다. 1940년 8월 독일의 히틀러는 독일 공군에 '최단 시간 내에 영국의 공군력을 제압하라'라는 지령을 내렸고, 영국과 독일의 본격적인 공중전이 벌어졌습니다. 독일 공군은 9월 7일부터 한 달간 밤낮을 가리지 않고 런던에 폭격을 퍼부었습니다. 포화 속에서도 런던 시민들이 평정심을 유지하며 굳건히 버틴 덕에 공중전은 10월 31일에 끝났습니다.

포화 속에도 꿋꿋이 살아가는 런던 시민

오늘의 한국사 1948년 국회, 반민족행위처벌법 통과

4 월

23 일

2005년
유튜브 첫 영상 업로드

관련 국가 | **미국**

2005년 자베드 카림은 팝가수 자넷 젝슨의 영상을 인터넷에서 검색하는 사람이 많다는 데서 착안해 두 명의 동료와 누구나 쉽게 동영상을 올리고 함께 보는 공유 플랫폼인 유튜브를 만들었습니다. 그리고 2005년 오늘 유튜브 역사상 첫 번째 영상인 '동물원의 나'라는 19초짜리 동영상이 최초로 올라왔습니다. 유튜브는 2024년 기준 월간 활성 사용자 수 25억 명 이상, 매분 500시간 이상 콘텐츠가 업데이트되는 세계 최대 규모의 비디오 플랫폼입니다.

9월

6일

1944년
V2 로켓 투입

관련 국가 | **독일, 영국**

제2차 세계대전이 막바지로 치닫던 1944년 오늘 영국과 치열한 공방전을 벌이던 독일은 V2 로켓을 발사해 영국을 공격했습니다. 인류 최초의 탄도미사일인 V2 로켓은 길이 14m에 무게 13톤으로, 탄두에 1톤가량의 폭탄을 싣고 공중에서 투하하는 무기입니다. 'V'라는 명칭은 보복무기(Vergeltungswaffe)라는 독일어 머리글자에서 따왔습니다. V2의 폭격에도 독일은 전쟁에서 졌습니다.

오늘의 한국사 1950년 대한민국 국군, 여군 창설

1990년
허블 우주망원경 발사

관련 국가 | **미국**

빛을 통해 우주를 관측하는 천문학자들은 오래전부터 대기권 밖의 우주를 촬영할 수 있는 망원경을 갖고 싶어 했습니다. 1990년 오늘 미 항공우주국(NASA)과 유럽우주국(ESA)이 공동 개발한 우주망원경 허블이 우주왕복선 디스커버리호에 실려 지구 공전궤도에 올려졌습니다. 지구 상공 약 600km를 공전하는 허블은 대기의 영향을 받지 않은 선명한 사진을 보내왔고, 30년이 훌쩍 지난 지금도 '지구의 눈'으로 불리며 우주 과학의 새로운 역사를 쓰고 있습니다.

허블이 촬영한 가장 유명한 사진 중 하나인 '창조의 기둥'

오늘의 한국사 1923년 백정의 신분 해방을 주장하는 형평사 운동 발발

1972년
뮌헨 올림픽 참사

관련 국가 | **독일, 이스라엘, 팔레스타인**

1972년 8월 26일, 서독의 뮌헨에서 올림픽이 열렸습니다. 열흘이 지난 9월 5일 새벽, 8명의 괴한이 선수촌 담을 넘어 이스라엘 선수단 숙소에 침입했습니다. 올림픽 역사상 최초로 벌어진 테러는 인질로 잡힌 이스라엘 선수단 11명이 모두 사망하는 최악의 결과로 끝났습니다. 참혹한 테러를 일으킨 주범은 팔레스타인 출신의 게릴라 조직 '검은 9월단'이었습니다.

피습당한 이스라엘 선수단 숙소

오늘의 한국사 1898년 남궁억과 장지연 등이 〈황성신문〉 창간

4월 25일

1915년 갈리폴리 전투

관련 국가 | **영국, 오스만제국(튀르키예)**

제1차 세계대전은 영국, 프랑스, 러시아, 미국 등의 '연합국' 과 독일, 오스트리아–헝가리 제국 등의 '동맹국'이 충돌한 사건입니다. 그런데 중립국이었던 오스만제국이 돌연 동맹국의 편에 서면서 유럽과 아시아를 연결하는 다르다넬스 해협을 봉쇄해 버렸습니다. 이로 인해 연합국의 군수물자 지원이 어려워지자 세계 최강의 영국 해군은 오스만제국의 갈리폴리반도에 상륙을 개시했고, 1915년 오늘 전투가 시작됐습니다. 연합군은 큰 피해를 보고 8개월 만에 철수했습니다.

오스만제국군의 포격

1998년
구글 창립

관련 국가 | **미국**

미국 스탠퍼드 대학교 컴퓨터과학 대학원에 재학 중이던 래리 페이지와 세르게이 브린은 1999년 오늘 구글(Google)이라는 회사를 세웠습니다. 두 사람은 차고에서 검색 엔진을 개발했고, '모두가 수많은 정보를 이용할 수 있도록 만들자'는 의미로 10의 100제곱을 뜻하는 수학 용어 '구골(googol)'에서 회사 이름을 따왔습니다. 구글은 세계 최대 포털 사이트가 되었습니다.

래리 페이지와 세르게이 브린

오늘의 한국사 1994년 태권도 올림픽 정식종목 채택

1937년
스페인 게르니카 폭격

관련 국가 | **스페인, 독일**

반란 세력과 공화 세력의 충돌로 일어난 스페인 내전이 한창이던 1937년 오늘, 반란 세력을 지지하는 독일의 히틀러가 스페인 북부 바스크 지방의 게르니카에 나치 최정예 공군인 '콘도르 군단'을 투입했습니다. 잘 알려지지 않은 작은 마을을 상대로 나치 공군의 전략 실험을 하기 위해 대규모 폭격을 퍼부은 것입니다. 나치의 최신형 전투기 수십 대를 투입해 무려 30여 톤의 폭탄을 떨어트렸고 게르니카는 완전히 파괴되어 불길에 휩싸였습니다.

폭격으로 그 자리에서 사망한 게르니카 사람들

오늘의 한국사 1960년 이승만 대통령 하야 성명

1941년 유대인 독가스 학살

관련 국가 | **독일**

제2차 세계대전이 진행 중이던 어느 날, 유대인들은 강제로 재산을 몰수당하고 집에서 쫓겨나 사람들로 빽빽한 열차에 실려 폴란드에 있는 아우슈비츠 수용소로 보내졌습니다. 건강한 사람은 강제 노동에 시달리다 죽었고, 그렇지 못한 사람은 독가스가 흘러나오는 샤워실에 갇힌 채 고통으로 몸부림치며 질식사했습니다. 이들의 시체는 곧바로 소각장으로 보내져 한 줌의 재가 됐죠. 사진 속 신발은 수용소에 도착한 이들에게서 압수한 것입니다.

아우슈비츠에서 희생된 사람들의 신발

오늘의 한국사 1923년 박열, 일왕 암살 음모로 피검

4 월
27 일

1961년 시에라리온, 영국에서 독립

관련 국가 | **시에라리온, 영국**

서아프리카 연안에 자리 잡은 시에라리온은 아프리카에서는 드물게 비옥한 땅과 풍부한 지하자원을 갖춘 나라였습니다. 그런데 1808년에 영국이 수도 프리타운을 식민지로 선포하면서 이곳은 자유를 점차 잃어갔습니다. 특히 1930년에 다이아몬드 광산이 발견되면서 영국 기업이 주민들의 값싼 노동력을 착취해 다이아몬드 채굴에 이용했죠. 그러던 중 '민족자결주의'가 전 세계를 휩쓸면서 시에라리온도 이에 발맞춰 1961년 오늘 독립을 맞이했습니다.

시에라리온의 주요 다이아몬드 생산지

1666년
런던 대화재

관련 국가 | **영국**

1666년 오늘 새벽 런던의 한 빵집에서 불이 났습니다. 건물이 목재로 지어졌던 탓에 불길은 빠른 속도로 번졌고 화재는 무려 5일이나 계속됐습니다. 런던 시민 8명 중 7명이 살 곳을 잃었을 정도로 큰 화재였죠. 이 사건을 계기로 니콜라스 바본이라는 치과의사는 앞으로 발생할지 모를 재난에 대비하기 위한 사무실을 열었고, 이는 화재보험의 시초가 되었습니다.

불타고 있는 런던탑

오늘의 한국사 1923년 관동대학살

1686년
뉴턴, 만유인력 발표

관련 국가 | **영국**

1666년 고향집 사과나무 밑에서 졸던 아이작 뉴턴의 머리 위로 사과 하나가 떨어졌습니다. 순간 그의 머릿속에 '사과는 떨어지는데 왜 달은 떨어지지 않을까?'라는 생각이 스쳤습니다. 20년 후 오늘 뉴턴은 자신의 연구를 집대성한《자연철학의 수학적 원리》라는 책을 펴냈습니다. 줄여서 프린키피아(Principia)로 부르는 이 책에는 뉴턴의 운동 법칙과 만유인력의 법칙이 담겨 있습니다.

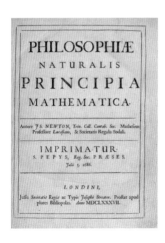

오늘의 한국사 1545년 충무공 이순신 탄생

1923년
관동 대지진

관련 국가 | **일본**

1923년 오늘 진도 7.9 규모의 지진이 일본 관동지방 남부를 흔들었습니다. 도쿄와 요코하마를 포함한 지역의 건물이 무너지고 나무는 쓰러졌으며 도로는 내려앉았고 곳곳에서 불길이 치솟았죠. 다음날 일본 정부는 계엄령을 발령했습니다. 이 과정에서 조선인이 우물에 독을 풀었다는 유언비어가 퍼지면서 무고한 조선인이 수천 명이나 학살당했습니다.

조선인을 학살하는 일본군

오늘의 한국사 1898년 한국 최초 여성인권선언문 「여권통문」 발표

1429년
오를레앙 전투

관련 국가 | **프랑스, 잉글랜드(영국)**

잉글랜드와 프랑스가 맞닿아 있는 접경에 자리한 오를레앙은 두 나라가 벌인 백년전쟁에서 전략적 요충지였습니다. 1428년 잉글랜드가 오를레앙을 공격했고 프랑스는 오를레앙을 지키기 위한 필사적인 항전을 이어갔습니다. 1429년 오늘 프랑스는 신의 계시를 받았다고 주장하는 소녀 잔 다르크를 오를레앙 전투에 투입했습니다. 놀랍게도 잉글랜드군에 포위된 채 200일이 넘도록 결사 항전을 벌이던 오를레앙은 1주일도 되지 않아 큰 승리를 거뒀습니다.

오를레앙 전투를 승리로 이끈 잔 다르크

오늘의 한국사 1932년 윤봉길 의사 상하이 폭탄 의거

9월

1945년
히틀러 자살

관련 국가 | **독일, 소련(러시아)**

제2차 세계대전이 막바지로 치닫는 1945년, 소련의 스탈린은 무려 병력 250만 명을 동원해 독일의 심장부인 베를린으로 밀고 들어갔습니다. 궁지에 몰린 히틀러는 "절대로 항복하지 말고 계속 싸워라"라며 베를린 사수를 명령했습니다. 하지만 4월 30일, 소련군은 나치 독일의 심장이라고 할 수 있는 제국회의 의사당 꼭대기에 소련을 상징하는 붉은 기를 꽂았습니다. 그때 지하 벙커에 숨어 지내던 히틀러는 연인 에바 브라운과 결혼식을 올린 뒤 동반 자살했습니다.

히틀러가 사망한 방

1888년
'잭 더 리퍼' 최초 살인

관련 국가 | **영국**

1888년 오늘 새벽 영국 런던 화이트채플 빈민가에서 살해된 여성의 시신이 발견됐습니다. 여성의 이름은 메리 앤 니콜스였죠. 일주일 뒤 비슷한 수법으로 또 다른 시신이 발견되자 경찰은 동일범의 연쇄 살인으로 판단했습니다. 칼잡이 살인마를 뜻하는 '잭 더 리퍼'로 불린 영국 최초의 연쇄살인마는 모두 5명을 살해했으며 끝내 잡히지 않았습니다.

5월

2021년
아프가니스탄 전쟁 종료

관련 국가 | **아프가니스탄, 미국**

아프가니스탄은 오랫동안 각 시대를 대표하는 강대국이 서로 힘을 겨루는 싸움터였습니다. 19세기에는 식민 지배를 둘러싼 그레이트 게임이, 20세기에는 냉전 체제를 둘러싼 이념 전쟁이, 21세기에는 대테러 전쟁까지. 이곳에서 20년간 전쟁이 이어졌습니다. 아프가니스탄의 민주주의를 지키려 했던 미국은 철수를 결정했고, 2021년 오늘 마지막 미군을 태운 수송기가 이륙하며 기나긴 아프가니스탄 전쟁이 끝났습니다.

수송기로 철군하는 미군

오늘의 한국사 1949년 대한민국 최초 국비유학생 6명 미국 유학

1886년
8시간 노동권 획득

관련 국가 | **미국**

1886년 오늘 미국 시카고에서 장시간 노동과 저임금에 시달리던 미국의 노동자와 그의 가족들이 '하루 8시간 노동제'를 외치며 파업 집회를 열었습니다. 그런데 경찰과 군대가 이들을 향해 발포하면서 평화 시위는 순식간에 유혈 사태로 번졌습니다. 6명의 시민이 목숨을 잃은 것입니다. 세계 노동자들은 미국의 총파업을 노동절의 시초로 보았으며, 3년 후 5월 1일을 노동자 운동을 기념하는 날로 정했습니다. 이후 노동절은 전 세계로 확산되었습니다.

1894년 미국의 노동절 행사

오늘의 한국사 1927년 색동회, 5월 첫째 주 일요일을 '어린이날'로 제정

8월

29일

1949년
소련 최초의 핵실험

관련 국가 | **소련(러시아)**

미국은 1945년 인류 역사상 처음으로 원자폭탄을 개발한 나라로, 당시 소련의 과학기술과 경제 상황으로 미루어볼 때 원자폭탄을 개발하려면 최소 10년은 걸릴 거라고 예상했습니다. 그런데 4년 만인 1949년 오늘 소련이 핵무기 개발에 성공했습니다. 소련 최초의 핵무기는 RDS-1으로 미국이 일본 나가사키에 떨어뜨렸던 원자폭탄과 비슷한 위력을 가졌습니다.

RDS-1

오늘의 한국사 1910년 한일병합조약(경술국치)

5 월

2 일

2011년
오사마 빈 라덴 사살

관련 국가 | **미국, 사우디아라비아**

2001년 9월 11일 테러 단체 알 카에다가 여객기 4대를 납치해 미국의 세계무역센터와 펜타곤을 공격했습니다. 이 사건으로 세계무역센터가 붕괴해 약 3천 명이 사망하고 2만 5천 명이 부상을 입었습니다. 미국은 테러와의 대대적인 전쟁을 선포하고 테러의 주범인 오사마 빈 라덴 체포 작전을 수행했습니다. 2011년 오늘 오사마 빈 라덴이 파키스탄의 수도에서 미군 특수부대의 공격을 받아 사망했습니다.

여객기와 충돌한 세계무역센터

오늘의 한국사 1930년 3.1운동 민족대표 33인 이승훈 사망

1963년
마틴 루터 킹 연설

관련 국가 | **미국**

미국 흑인 민권운동가 마틴 루터 킹 목사는 흑인 20만여 명을 이끌고 워싱턴 D.C에서 '일자리와 자유를 위한 워싱턴 행진'을 했습니다. 그는 링컨기념관 앞에서 약 17분간 "나에게는 꿈이 있습니다!"라는 연설을 하며 법적으로는 해방됐지만 여전히 구속된 흑인의 삶을 토로했습니다. 인종차별 철폐를 호소한 그의 연설은 큰 공감을 얻었으며, 1년 뒤 공공장소에서의 인종차별과 고용차별을 금지하는 민권법이 통과됐습니다.

오늘의 한국사 1952년 대한민국과 일본 간 첫 독도 분쟁

1946년
극동국제군사재판

관련 국가 | **일본**

20세기 초, 제국주의의 야심이 폭발한 일본은 아시아와 태평양 일대를 참혹하게 짓밟았습니다. 중일전쟁부터 제2차 세계대전의 전선 중 하나인 태평양 전쟁이 끝날 때까지 약 9년간 중국, 호주, 베트남, 라오스, 필리핀 등 약 10개국이 침략당했습니다. 그 과정에서 엄청난 학살을 일삼았죠. 1946년 오늘 일본에 그 책임을 묻기 위해 전쟁범죄자, 즉 전범에 대한 국제군사재판인 극동국제군사재판을 실시했습니다.

극동국제군사재판의 피고인들

오늘의 한국사 1984년 교황 요한 바오로 2세 한국 방문

1896년
38분 전쟁

관련 국가 | **영국, 잔지바르 술탄국**

1896년 오늘 영국과 아프리카 잔지바르 술탄국 사이에서 인류 역사상 가장 짧은 전쟁이 벌어졌습니다. 전쟁 시작부터 끝까지 총 38분밖에 걸리지 않아 '38분 전쟁'이라고도 합니다. 이렇게 짧은데 분쟁이나 전투가 아닌 전쟁으로 부르는 것은 정식으로 선전포고가 이루어졌고, 군대가 투입되었으며, 교전을 통해 사상자가 나온 뒤 항복이라는 마무리 절차까지 모두 이뤄졌기 때문입니다.

전쟁으로 파괴된 술탄국의 왕궁

오늘의 한국사 1907년 대한제국 순종 황제 경운궁에서 즉위

1904년
파나마 운하 착공

관련 국가 | **미국, 프랑스, 파나마**

1881년 프랑스는 파나마지협을 가로질러 태평양과 대서양의 카리브해를 잇는 파나마 운하 건설을 시작했습니다. 그러나 끝내 파산하며 실패하고 말았죠. 4,000만 달러를 들여 프랑스로부터 운하 굴착권을 사들인 미국은 1904년 오늘 운하 착공식을 거행했고, 10년 뒤 약 82㎞의 운하가 개통되었습니다. 미국이 관리하던 운하는 1999년 12월 31일 자로 파나마에 전권이 이관되었으며, 오늘날에도 세계 무역에서 중요한 역할을 하고 있습니다.

오늘의 한국사 1392년 선죽교에서 정몽주 사망

1789년
프랑스 인권선언

관련 국가 | **프랑스**

1789년 오늘 프랑스 대혁명으로 만들어진 입법회의가 '인간 및 시민의 권리 선언'이라는 인권선언을 발표했습니다. 인류가 누려야 할 보편적 가치를 담은 이 선언은 1891년에 만든 프랑스 헌법에 영향을 미쳤고, 훗날 세계 여러 나라의 근대 민주주의의 근거가 됐습니다. 또한 이 문서에 담긴 많은 조항이 UN의 세계 인권 선언에도 반영되었습니다.

오늘의 한국사 1908년 일본 「동양척식주식회사법」 공포

1821년 나폴레옹 사망

관련 국가 | **프랑스**

프랑스가 역사상 가장 강력했던 시기는 나폴레옹 보나파르트가 통치했을 때입니다. 이 시기 프랑스는 영국과 러시아를 제외한 대부분의 유럽 국가를 정복했으며, 지금까지 유지되고 있는 프랑스의 행정 제도와 법 등이 만들어졌습니다. 그러나 지나친 욕심과 야망 때문에 스스로 몰락의 길로 들어섰고, 대서양 남쪽에 버려진 작은 섬에 유배됐습니다. 1821년 오늘 한때 유럽 전역을 호령하던 프랑스의 황제는 52세의 나이로 유배지에서 초라하게 생을 마감했습니다.

유배지에서의 나폴레옹

오늘의 한국사 1957년 어린이 헌장 제정·공포

8 월

25 일

1958년
세계 최초 라면 출시

관련 국가 | **일본**

라면의 시초는 중국에서 밀가루 반죽을 얇게 펴 말린 후 끓는 물에 넣어 먹는 면 요리라고 할 수 있습니다. 현재 우리가 먹는 라면의 형태를 띠는 세계 최초의 인스턴트 라면은 1958년 일본의 닛신이라는 식품회사에서 개발한 '치킨 라면'입니다. 우리나라에서는 1963년 9월 15일에 처음 라면을 판매하기 시작했습니다.

닛신식품의 라면 개발 작업장

오늘의 한국사 1936년 〈동아일보〉 손기정 일장기 말소 사건

5 월
6 일

2023년
찰스 3세 대관식

관련 국가 | **영국**

2022년 9월, 영국 국왕 엘리자베스 2세가 96세를 일기로 영면에 들었습니다. 70년이라는 재위기간 동안 영국과 영연방의 결속을 지켜낸 여왕이었습니다. 2023년 오늘 여왕의 뒤를 이어 찰스 3세가 대관식을 치르며 영국 국왕이 되었습니다. 대관식에서 캔터베리 대주교가 기름을 부어 하느님의 대리인임을 인정하는 의식을 치르고, '성 에드워드 왕관'과 함께 왕권의 신성함을 상징하는 구슬인 '보주', 왕의 통치권을 상징하는 지팡이인 '왕홀'을 수여했습니다.

오늘의 한국사 1948년 김구와 김규식, 남북협상 공동 성명

1456년 구텐베르크 《성경》 완성

관련 국가 | **독일**

1456년 오늘 구텐베르크의 《성경》이 금속활판으로 인쇄됐습니다. 이는 당시 금속활자로 찍은 첫 번째 책으로 알려졌으나 훗날 그보다 앞선 금속활자본이 발견되었습니다. 하지만 구텐베르크의 인쇄술 덕분에 《성경》을 전 유럽에 보급할 수 있게 되었고 활자의 대량 인쇄술이 발달하며 정보 혁명을 가져왔습니다.

1915년 루시타니아호 침몰 사건

관련 국가 | **독일, 영국, 미국**

제1차 세계대전 중이던 1915년 독일은 영국이 해양을 봉쇄하자 맞불 작전으로 이곳을 통과하는 모든 상선을 격침 시키는 '무제한 잠수함 작전'을 펼쳤습니다. 5월 7일, 영국의 여객선 루시타니아호는 아일랜드 남쪽 해안에 진입해 항해하고 있었습니다. 이때 U-보트라 불리는 독일의 잠수함이 어뢰를 쐈고 여객선은 15분 만에 침몰했습니다. 1,198명의 사망자 중 128명이 미국인이었고, 이 사건은 미국이 제1차 세계대전에 참전하는 계기가 되었습니다.

침몰하는 루시타니아호

오늘의 한국사 1420년 세종대왕 집현전 설치

1939년
독소불가침 조약

관련 국가 | **독일, 소련(러시아)**

1939년 8월에 소련과 독일이 서로를 침공하지 않겠다는 '독소불가침 조약'을 맺었습니다. 독일과 소련은 한 하늘을 이고 살 수 없는 원수 사이였습니다. 독일의 독재자가 된 히틀러는 1939년에 영국과 프랑스를 침공할 계획을 세웠습니다. 독일이 서유럽에서 마음 놓고 전쟁을 하려면 무엇보다 동쪽의 소련을 묶어둘 필요가 있었습니다. 독일로서는 양면 전선을 피해야 했기 때문이죠. 그래서 독일이 먼저 소련에 불가침 조약을 제안한 것입니다.

1886년
코카-콜라 첫 판매

관련 국가 | **미국**

미국 남북전쟁에 참전한 남부군 대령 존 펨버튼은 전쟁에서 입은 부상으로 모르핀 중독에 빠졌습니다. 약사였던 그는 모르핀의 대체재를 찾는 연구를 시작했고 코카나무의 잎, 콜라나무의 열매, 카페인 등을 주원료로 하는 시럽을 만들었습니다. 그는 시럽에 '코카-콜라'라는 이름을 붙였습니다. 1886년 오늘 미국 조지아주 애틀랜타시의 제이콥스 약국은 시럽에 탄산수를 섞어 판매하기 시작했습니다. 코카-콜라 음료가 탄생한 것입니다.

1888년에 배포한 코카콜라 쿠폰

오늘의 한국사 1973년 새로 제정한 첫 어버이날

1864년 적십자 협약

관련 국가 | **스위스**

스위스의 앙리 뒤낭은 1859년 솔페리노 전투의 참상을 목격했습니다. 수많은 부상자의 구호에 참여한 그는 전시 부상자를 위한 구호 단체의 필요성을 느꼈습니다. 그는 '국제부상자구호위원회'를 조직해 1863년 10월 제네바에서 10개 조문의 적십자 규약을 만들었습니다. 이는 유럽 각국의 큰 호응을 얻었고, 1864년 오늘 전장에서 군대 부상자의 상태 개선에 관한 제1차 제네바 협약을 맺었습니다. 이를 적십자 협약이라고도 합니다.

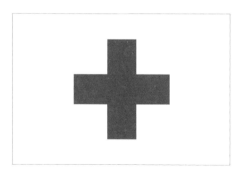

오늘의 한국사 1937년 서울 전역 등화관제 실시

5 월

9 일

1915년
중국, 21개조 요구 수락

관련 국가 | **중국, 일본**

제1차 세계대전이 일어나자 일본은 독일에 선전포고한 뒤
독일이 조차한 중국 칭다오를 비롯한 산둥반도 일대를 공격
했습니다. 이 지역을 점령한 일본은 외교부를 거치지 않고
직접 위안스카이 대총통을 만나 21가지 특혜조건을 요구했
습니다. 뤼순과 대련의 조차권, 남만주 일대의 철도부설권
등이 포함된 이 조항을 위안스카이는 별다른 저항 없이 받
아들였습니다. 중국은 일본의 중국 침략이 본격화된 이 날
을 국치일로 여겼습니다.

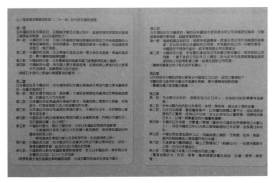

홍콩 중앙도서관에 전시된 21개조 조문

오늘의 한국사 1871년 흥선대원군 서원 철폐 명령

1911년
〈모나리자〉 도난

관련 국가 | **프랑스**

르네상스 거장 레오나르도 다 빈치의 작품 〈모나리자〉는 세상에서 가장 비싼 그림 중 하나입니다. 그런데 1911년 오늘 파리 루브르박물관에 있던 이 그림이 도난당하는 사건이 일어났습니다. 〈모나리자〉가 홀연히 사라졌다는 사실을 가장 먼저 발견한 사람은 그림을 모사하던 화가였습니다. 범인은 루브르에서 일했던 유리공 빈센초 페루자였죠. 이 사건을 계기로 별다른 주목을 받지 못하던 〈모나리자〉가 유명해지기 시작했습니다.

오늘의 한국사 1981년 제5차 경제개발 5개년 계획 발표

1857년
세포이 항쟁

관련 국가 | **인도, 영국**

18세기 영국은 인도 콜카타에 동인도회사를 세우고 인도를 침략하기 시작했습니다. 당시 인도는 무굴제국이 통치했으나 이미 쇠약해질 대로 쇠약해져 제대로 싸워보지도 못했습니다. 결국 1857년에 영국 동인도회사에서 고용한 인도인 용병인 세포이들이 반란을 일으켰습니다. 세포이 항쟁으로 알려진 '1857년 인도 항쟁'이 일어난 것입니다. 하지만 이듬해에 영국이 승리하며 무굴제국은 역사 속으로 사라졌고 영국령 인도 제국을 수립했습니다.

1940년
트로츠키 피습

관련 국가 | **소련(러시아)**

소련이 사회주의 국가로의 기틀을 잡아가던 시기 지도자 블라디미르 레닌이 뇌출혈로 쓰러졌습니다. 그의 뒤를 이을 후계자로 이오시프 스탈린과 레프 트로츠키가 주목받았죠. 얼마 후 레닌이 사망했고 그의 장례식에는 엄청난 인파가 몰렸습니다. 그런데 트로츠키가 참석하지 못하자 스탈린은 그를 반역자로 몰았습니다. 1929년 추방당한 트로츠키는 1940년 오늘 스탈린이 보낸 비밀 요원에게 멕시코시티에서 피습당했고, 다음날 사망했습니다.

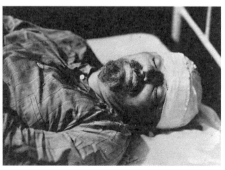

피습당한 트로츠키

오늘의 한국사 1918년 상하이에서 신한청년당 창립

5 월

11 일

1997년 인간을 이긴 최초의 컴퓨터

관련 국가 | **미국**

1997년 오늘 컴퓨터 회사 IBM이 만든 체스 전용 컴퓨터 '딥 블루'가 12년간 세계 체스 챔피언 자리를 지켜온 게리 카르 파로프를 이겼습니다. 체스 천재의 패배는 큰 충격이었습니다. 시간이 흘러 2011년, 딥 블루의 업그레이드 버전인 인공지능 '왓슨'은 미국 퀴즈쇼에서 퀴즈왕들을 제치고 최종 우승을 차지했습니다. 2016년에는 구글의 딥마인드가 개발한 인공지능 바둑 프로그램 알파고와 이세돌 9단과의 바둑 대결에서 알파고가 4승 1패를 기록했습니다.

IBM의 딥블루

1934년
히틀러 총통 선출

관련 국가 | **독일**

제1차 세계대전에서 패배한 독일은 민족적 자존심을 짓밟혔고 천문학적인 전쟁 배상금을 치러야 했습니다. 설상가상으로 1929년에 세계 대공황까지 닥치면서 독일 국민의 불안과 불만이 극에 달했습니다. 이런 혼란한 틈을 타 독일 노동자당, 일명 '나치당'은 게르만 민족공동체의 우수성을 강조하며 국민의 마음을 파고들었습니다. 그 결과 1934년 오늘 아돌프 히틀러가 국민투표를 통해 독일 총통에 올랐습니다.

오늘의 한국사 1919년 헌병 경찰제 폐지

5월 12일

1820년
나이팅게일 탄생

관련 국가 | **영국**

나이팅게일은 1820년 오늘 이탈리아 북부 피렌체에서 영국 귀족 가문의 딸로 태어났습니다. 17세에 이탈리아 여행을 하며 만난 스위스의 사회주의자 시스몽디의 영향을 받아 자신의 삶을 아프고 가난한 사람들을 위해 바치겠다고 선언한 그녀는 간호사가 되었습니다. 1854년 크림전쟁이 터지자 나이팅게일은 38명의 성공회 수녀들과 함께 전쟁터의 야전병원으로 향했습니다. 환자들을 헌신적으로 돌본 그녀는 백의의 천사로 불렸습니다.

나이팅게일이 일한 야전병원

오늘의 한국사 1919년 김규식, 파리 강화회의에 독립청원서 제출

1941년
T4 작전 중단

관련 국가 | **독일**

독일 총통 아돌프 히틀러는 1939년 9월에 'T4 작전'을 시작했습니다. 이는 나치 독일의 우생학(우수한 유전자를 지닌 인간을 증가시키고 열등한 유전자를 지닌 인간을 줄이는 것) 사상에 따라 장애인이나 정신질환자 등의 살인을 허가하는 극비 지령이었습니다. T4 작전의 비밀은 이내 들통났고 종교계가 저항에 나서자 1941년 오늘 히틀러는 T4 작전을 중단했습니다. 하지만 그 후에도 우생학에 따른 유대인 학살은 계속됐습니다.

히틀러가 지시한 T4 작전

1981년 요한 바오로 2세 암살 시도

관련 국가 | **이탈리아, 튀르키예**

2005년 선종한 교황 요한 바오로 2세는 역사상 여행을 가장 많이 한 세계 지도자 가운데 한 명이자 세 번째로 오랜 기간 자리를 지킨 교황입니다. 재임기간이 길었던 만큼 그는 세 차례나 암살 시도를 받았습니다. 첫 번째가 1981년 오늘 바티칸 시국 성 베드로 광장에서 튀르키예인 청년이 총격을 가한 사건입니다. 4일 만에 의식을 회복한 교황은 범인을 용서했습니다. 이후 1995년과 1999년에도 암살 시도가 있었으나 모두 실패했습니다.

오늘의 한국사 1913년 미국 샌프란시스코에서 흥사단 조직

1998년
빌 클린턴 스캔들

관련 국가 | **미국**

미국의 제42대 대통령 빌 클린턴이 1995년부터 1997년까지 수많은 여성들과 성 추문을 벌인 사실이 폭로되었습니다. 가장 널리 알려진 스캔들은 당시 백악관 인턴이었던 모니카 르윈스키와의 불륜이었습니다. 이 사건으로 클린턴 대통령은 지지자들로부터 지탄받았으며 한때 탄핵의 위기에 직면하기도 했습니다.

1643년 루이 14세, 프랑스 국왕 즉위

관련 국가 | **프랑스**

"짐이 곧 국가다!"라는 말로 유명한 프랑스의 왕 루이 14세. 그는 1643년 오늘 5세라는 어린 나이에 갑작스럽게 왕위에 올랐습니다. 프랑스 역사상 가장 긴 시간인 72년간 왕위를 지킨 그는 압도적인 카리스마로 절대 권력을 휘둘렀습니다. 밖으로는 끊임없는 전쟁을 하며 유럽을 두려움에 떨게 만들었고, 안으로는 무너진 프랑스 왕실의 권위를 다시 세우며 절대 권력의 상징이 되었습니다.

8세의 루이 14세

오늘의 한국사 1998년 한글판 《조선왕조실록》 발견

1819년
피털루 학살

관련 국가 | **영국**

1819년 오늘 영국 맨체스터시의 성 베드로 광장에 시민 6만 명이 모였습니다. 주급은 절반이 넘게 떨어졌는데 물가는 두 배나 올랐기 때문입니다. 이들은 정치 개혁, 임금 인상, 곡물 가격 하락을 외쳤습니다. 집회를 주도한 헨리 헌트가 연단에 올랐을 때 기병대에 돌격 명령이 떨어졌고 광장은 금세 피로 물들었습니다. 현장에 있던 기자들은 워털루(Waterloo) 전투의 용사들이 베드로(Peter's) 광장에서 시민을 학살했음을 비꼬며 피털루 학살이라고 보도했습니다.

오늘의 한국사 1949년 세계보건기구(WHO) 가입

5_월 15_일

1855년 파리 만국박람회

관련 국가 | **프랑스, 영국**

산업혁명으로 급성장한 영국은 1851년에 만국박람회를 개최해 전 세계에 자신들의 성과를 널리 알렸습니다. 영국의 기술력 과시는 경쟁국인 프랑스를 자극했습니다. 1855년 5월 15일부터 11월 15일까지 프랑스 파리에서 만국박람회가 열렸습니다. 프랑스의 각종 특산품과 기술, 그리고 예술과 문화를 선보인 박람회는 수백만 명이 방문했고 이후 파리는 관광의 중심지가 되었습니다.

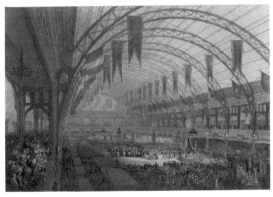

산업관에서 열린 개막식

1945년
일본 항복

관련 국가 | **일본, 미국**

제2차 세계대전에서 미국은 일본에 수차례의 대공습과 두 차례의 핵폭탄을 투하했습니다. 핵폭탄으로 히로시마와 나가사키가 처참한 지옥으로 변하고 수십만 명이 죽는 비극이 발생했고, 그제야 일본 제국은 공식적으로 항복하며 미국에 백기를 들었습니다. 1945년 8월 15일, 히로히토 일왕의 무조건 항복 선언과 함께 일본 제국의 패전으로 제2차 세계대전이 끝을 맺었습니다.

항복 문서에 서명하는 일본

5월

16일

1966년
문화 대혁명

관련 국가 | **중국**

1966년 오늘 중국 공산당 정치국은 "자본주의, 봉건주의, 관료주의 문화가 공산당과 중국 사회 곳곳을 지배하고 있으므로 반사회주의자와 부르주아들을 제거해야 한다"라는 5·16 통지를 발표했습니다. 이에 따라 자기 나라의 문화를 국민이 스스로 파괴한 문화 대혁명이 일어났고, 마오쩌둥 주석을 지지하는 학생과 홍위병의 활동을 통해 10년간 진행됐습니다. 그 결과 중국의 학술, 교육, 언론, 문화, 출판 분야의 지식인들과 수천 년간의 문화가 상당수 희생되었습니다.

천안문 광장의 홍위병

오늘의 한국사 1961년 5·16 군사정변

1941년
대서양 헌장 발표

관련 국가 | **영국, 미국, 독일**

영국 총리 윈스턴 처칠은 제2차 세계대전에서 히틀러를 이기기 위해서는 미국의 참전이 필요하다고 생각했습니다. 처칠은 미국을 끌어들이는 데 공을 들였습니다. 포기를 모르는 처칠의 노력 덕분에 미국의 프랭클린 루스벨트 대통령의 마음이 움직였습니다. 미국이 영국과 함께 파시즘에 대항해 세계 평화와 질서를 위해 책임을 다하겠다는 '대서양 헌장'을 선언한 것입니다.

루스벨트 대통령과 처칠 총리

오늘의 한국사 1991년 김학순 할머니 일본군 위안부 피해 사실 최초 증언

5 월
17 일

1954년
브라운 VS 교육위원회

관련 국가 | **미국**

흑인 소녀 린다 브라운은 피부색이 다르다는 이유로 집에서 가까운 학교에 가지 못하고 멀리 떨어진 흑인 전용 학교에 다녀야 했습니다. 소녀의 아버지 올리브 브라운은 교육위원회를 상대로 소송을 걸었고, 1954년 오늘 대법원은 만장일치로 '공립학교에서 흑인을 격리해 교육하는 것은 위법'이라고 판결했습니다. 인종에 상관없이 흑인과 백인 모두 한 교실에서 공부할 수 있게 된 것입니다.

만장일치를 판결한 대법관

오늘의 한국사 2024년 국가유산청 설립, 문화재의 명칭이 국가 유산으로 변경

1961년
베를린 장벽 설치

관련 국가 | **독일**

1945년 제2차 세계대전에서 패배한 독일은 연합국에 의해 동독과 서독으로 분할됐습니다. 서독은 미국, 영국, 프랑스의 지원을 받아 자본주의 체제로 발전했지만 동독은 소련의 영향을 받아 공산주의 국가가 세워졌습니다. 이후 많은 동독 주민들이 서독으로 탈출하기 시작했고 1961년 8월에 탈출을 막기 위해 동독과 서독의 경계 43km에 콘크리트 벽돌을 쌓았습니다. 이를 베를린 장벽이라고 불렀습니다.

베를린 장벽을 세우는 모습

5 월

18 일

1804년 나폴레옹, 프랑스 황제 등극

관련 국가 | **프랑스**

나폴레옹 보나파르트가 1804년 오늘 프랑스 최초의 황제가 되었습니다. 이미 통령이라는 프랑스 최고 권력자였던 그는 더 높은 곳에 올라가고 싶었습니다. 하지만 혁명이라는 피의 역사로 절대 왕정을 직접 무너뜨린 프랑스인들은 황제를 원하지 않았죠. 나폴레옹은 시민이 쫓아낸 부르봉 왕가가 돌아와 다시 왕을 할지도 모른다는 불안감을 심어주었고, 기세를 몰아 프랑스 최초로 황제 선출 찬반 국민투표를 실시해 약 99.93%의 찬성률로 황제 자리에 올랐습니다.

나폴레옹의 대관식

1642년
잉글랜드 내전

관련 국가 | **잉글랜드(영국)**

1625년 잉글랜드의 왕으로 즉위한 찰스 1세는 왕의 권력은 신이 부여한다는 '왕권신수설'을 굳게 믿고 있었습니다. 그는 일부 귀족과 상인에게만 상업독점권을 주었고 강제로 국교회를 믿게 했습니다. 이에 찰스 1세를 중심으로 한 왕당파와 잉글랜드 의회를 중심으로 한 의회파가 충돌해 내전이 일어났습니다.

1941년 베트민 결성

관련 국가 | **베트남**

전 세계에 제국주의가 팽배하던 19세기 말, 베트남을 지배한 나라는 프랑스였습니다. 그런데 1939년에 제2차 세계대전이 발발했고 이듬해 프랑스가 독일에 항복하자 이 기회를 틈타 일본이 침탈했습니다. 열강들의 계속되는 침략과 수탈에 베트남 사람들의 독립을 향한 열망은 들불처럼 번졌습니다. 1941년 오늘 베트남의 자주독립을 쟁취하기 위한 베트남 독립연맹, 즉 베트민이 결성되었습니다. 베트민의 수장은 오늘날 베트남의 국부라 불리는 호찌민이었습니다.

호찌민 동상

오늘의 한국사 1441년 문종, 측우기 발명

8 월

11 일

1919년
「바이마르 헌법」 채택

관련 국가 | **바이마르공화국(독일)**

제1차 세계대전 패배하고 제정이 붕괴된 독일에 1919년 최초의 공화국이 탄생했습니다. 독일 역사상 최초의 의회 민주주의 정치를 한 바이마르공화국을 지탱한 것은 「바이마르 헌법」이었습니다. 당시까지 인간이 만든 가장 자유롭고 민주적인 헌법이라 평가받은 「바이마르 헌법」의 제1조는 다음과 같습니다. "독일은 공화국이며 국가의 권력은 국민으로부터 나온다."

바이마르공화국 국장

오늘의 한국사 1903년 조선, 덴마크와 통상조약 체결

5 월

20 일

1862년
홈스테드법 발효

관련 국가 | **미국**

영국에서 독립한 미국은 치열한 영토 확장으로 광활한 땅을 갖게 되었으나, 경제와 산업은 동부에 집중됐고 새롭게 개척한 서부는 대부분 빈 땅이나 마찬가지였죠. 남북전쟁이 한창이던 시기, 링컨 대통령은 미국 역사상 중요한 법률 중 하나로 여겨지는 홈스테드법을 제정했습니다. 10달러의 등기 비용만 내면 서부의 토지 160에이커(20만 평)를 무상으로 제공받고 5년간 경작하면 소유할 수 있다는 내용입니다. 홈스테드법을 계기로 서부 개척이 본격화되었습니다.

홈스테드 인증서

오늘의 한국사 1926년 한용운 《님의 침묵》 간행

1999년
네덜란드, 안락사 인정

관련 국가 | **네덜란드**

세계 최초로 안락사를 인정한 나라는 네덜란드입니다. 판례에 따라 엄격한 심사를 거쳐 존엄사나 안락사를 허용해 왔으나, 1999년 오늘 불치병 등 특정 환자의 안락사를 인정하는 법안을 마련한 것입니다. 이 법안은 2000년 11월 의회를 통과해 2002년부터 시행되었습니다. 이후 스위스, 벨기에, 프랑스 등의 국가가 안락사를 합법화했습니다.

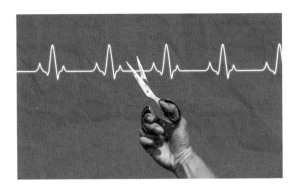

5월 21일

1904년 FIFA 설립

관련 국가 | **프랑스**

초창기 축구는 상류층의 스포츠였으나 산업혁명 시기 공장 노동자들이 휴식 시간에 축구를 즐기기 시작하면서 대중화 되었습니다. 영국의 명문 축구팀 아스널, 맨체스터, 코번트리 시티 등은 공장 노동자들이 만든 팀입니다. 이후 서민들이 팀을 이뤄서 하는 축구가 유행했고, 축구의 인기가 해외로 확산되면서 경기와 관련한 다양한 규칙을 관리할 조직의 필요성을 느꼈습니다. 1904년 오늘 프랑스 파리에서 국제 축구연맹(FIFA)이 설립되었습니다.

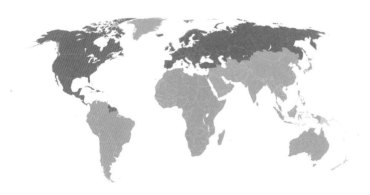

전 세계 FIFA 가입국 지도

오늘의 한국사 2007년 부부의 날 제정

8월

9일

1945년
나가사키 핵폭탄 투하

관련 국가 | **미국, 일본**

1945년 8월 6일 히로시마에 떨어진 핵폭탄의 악몽이 사라지기도 전에 일본 땅에는 또다시 핵폭탄 투하라는 죽음의 그림자가 짙게 드리워졌습니다. 미국이 히로시마 핵폭탄 투하 3일 만에 새로운 핵폭탄을 나가사키 위로 떨어뜨린 것입니다. 폭탄 투하로 약 4만 명이 즉사했고 약 7만 명이 방사능 부상과 질병으로 사망했습니다.

나가사키에 떨어진 핵폭탄 팻맨

오늘의 한국사 1936년 손기정, 베를린 올림픽 마라톤 우승

1455년 장미전쟁

관련 국가 | **잉글랜드(영국)**

1455년 오늘 붉은 장미 문장의 랭커스터 왕가와 흰 장미 문장의 요크 왕가 사이에 잉글랜드 왕권을 두고 쟁탈전이 벌어졌습니다. 30년이나 계속된 이 전쟁은 랭커스터 왕가의 왕위 계승권을 지닌 헨리 튜더가 승리하며 끝났습니다. 헨리 7세로 잉글랜드 국왕에 오른 그는 요크 왕가와의 화합을 위해 그 가문의 엘리자베스를 황후로 맞이했습니다. 그리고 붉은 장미와 흰 장미를 합쳐 새로운 문장을 만들었습니다. 이제 잉글랜드는 튜더 왕가가 통치하게 되었습니다.

랭커스터 왕가 장미   요크 왕가 장미   튜더 왕가 장미

오늘의 한국사 1756년 암행어사 박문수 사망

8 월

8 일

1792년
프랑스 왕정 붕괴

관련 국가 | **프랑스**

1792년 오늘, 프랑스의 국왕 루이 16세가 프랑스 혁명으로 왕위에서 강제로 폐위됐습니다. 부르봉 왕조의 붕괴는 절대 왕권의 몰락과 입헌군주제에 따른 민중 주권 시대라는 역사적 전환기를 상징하는 사건입니다. 루이 16세는 재판에 끌려가 사형을 판결받고 1793년 1월 21일에 단두대에서 처형됐습니다.

루이 16세의 처형

5월 23일

1951년 티베트 강제 합병

관련 국가 | **티베트, 중국**

1912년 청나라가 멸망한 이후 티베트의 제13대 달라이 라마는 당시 중국 대륙을 통치한 중화민국으로부터 독립을 선언했습니다. 하지만 중화민국은 인정하지 않았습니다. 1949년 마오쩌둥을 국가 주석으로 하는 중화인민공화국이 세워졌고 이듬해 중국은 티베트를 침공해 점령했습니다. 그리고 1951년 오늘 티베트의 자치권 보장, 종교적 자유 등을 인정하는 '십칠조협의'를 체결해 티베트를 강제 합병했습니다. 이후 중국은 티베트를 강압적으로 지배했습니다.

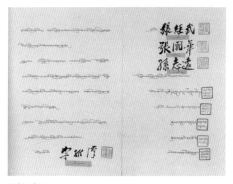

십칠조협의

1944년
'마크 I' 첫 가동

관련 국가 | **미국**

'하버드 마크 I'은 미국 최초의 대규모 자동 디지털 컴퓨터 이자 세계 최초의 범용 컴퓨터입니다. 자동 연속 제어 계산 기라고도 불리는 마크 I은 IBM이 제작했으며, 1944년 2월 하버드 대학교에 납품되었습니다. 그리고 1944년 오늘 대 중에 공개하며 처음으로 가동했습니다.

하버드 마크 I의 일부

오늘의 한국사 1945년 황손 이우, 히로시마에서 원자폭탄 피폭으로 요절

5 월

24 일

1607년
미국의 시작

관련 국가 | **영국, 미국**

17세기 초, 소수의 영국인들은 경제적 기회를 찾아 아메리카 신대륙으로 이주하기 시작했습니다. 북아메리카 연안에 비옥한 땅을 발견한 영국은 본격적으로 식민지 건설을 추진했고, 1607년 오늘 104명의 영국인이 탄 배가 아메리카 북동부의 연안 지대이자 지금의 버지니아에 처음 뿌리 내렸습니다. 미국의 역사가 시작된 것입니다.

미국을 상징하는 자유의 여신상

오늘의 한국사 1952년 한미 경제 조정 협정(마이어 협정) 조인

1945년
히로시마 핵폭탄 투하

관련 국가 | **미국, 일본**

제2차 세계대전에서 미국과 일본은 태평양 전쟁을 벌였습니다. 태평양 지배를 향한 일본의 욕망은 멈출 줄 몰랐고, 1942년 미군이 비행기지로 활용한 미드웨이를 공격했습니다. 이 해전에서 일본이 참패하면서 태평양 전쟁의 판도가 뒤집혔습니다. 이후 미국은 일본 곳곳에 폭탄을 투하해 초토화했습니다. 수차례의 대공습에도 일본이 항복하지 않자 1945년 오늘 히로시마에 핵폭탄을 떨어트렸습니다.

핵폭발이 일어난 히로시마

오늘의 한국사 1949년 병역제도 모병제에서 징병제로 개정

1961년
아폴로 계획

관련 국가 | **미국, 소련(러시아)**

1957년 10월 4일, 소련이 세계 최초로 인공위성 '스푸트니크 1호' 발사에 성공하자 미국은 패닉에 빠졌습니다. 미국은 서둘러 우주 개발을 위한 NASA(미국 항공우주국)를 만들었고, 1961년 오늘 인류 최초로 인간을 달에 보내는 '아폴로 계획'을 세웠습니다. 그리고 1969년 아폴로 11호가 최초로 달 착륙에 성공했습니다.

달 표면에 착륙한 아폴로 11호 승무원

오늘의 한국사 1886년 독립운동가 여운형 탄생

2010년
칠레 광부 33인 매몰

관련 국가 | **칠레**

2010년 오늘 칠레 산호세의 구리 광산이 붕괴됐습니다. 이 때 33명의 광부가 지하 700m의 갱도에 매몰되고 말았죠. 사고가 난 지 17일이 되는 날 광부들의 생사를 확인하기 위해 뚫고 내려간 드릴에 쪽지가 달려 올라왔습니다. '피신처에 있는 우리 33명은 모두 괜찮다'라는 문장을 보고 희망이 생겼고 69일 만에 광부들은 무사히 구조되었습니다.

무사히 구조된 광부들

오늘의 한국사 1949년 독립운동가 호머 헐버트 사망

5월 _월

26 _일

1940년
됭케르크 철수 작전

관련 국가 | **영국, 독일, 프랑스**

제2차 세계대전이 본격적으로 시작된 1940년 5월, 사실상 동유럽을 정복한 히틀러는 서쪽으로 방향을 돌려 프랑스 침공을 시작했고 프랑스 북부 해안의 됭케르크에는 약 40만 명의 연합군이 포위됐습니다. 영국 총리 처칠은 고민 끝에 됭케르크 철수 작전을 결정했습니다. 성공 가능성은 희박했으나 영국은 선박을 최대한 모아 됭케르크로 보냈고, 34만 명의 연합군이 무사히 탈출했습니다.

무사히 탈출한 연합군

오늘의 한국사 | 1905년 삼랑진-마산포 간 철도 개통

1997년
세계 최고령 사망

관련 국가 | **프랑스**

기네스북에 기록된 '세상에서 가장 오래 산 사람'은 프랑스의 잔 루이즈 칼망이라는 사람입니다. 그녀는 1875년 2월 21일 프랑스에서 태어나 1997년 오늘 사망했습니다. 무려 122년 6개월을 산 것입니다.

20세의 잔 칼망

오늘의 한국사 1993년 일본, 과거사를 반성하는 고노 담화 발표

1905년 쓰시마 해전

관련 국가 | **러시아, 일본**

1904년 러시아와 일본은 대한제국에서 주도권을 쟁취하려는 무력 충돌을 벌였습니다. 뤼순항 전투와 봉천 전투까지 패배한 러시아는 최후의 수단으로 러시아의 자존심인 발트함대를 동원했습니다. 1905년 오늘 쓰시마 해협에서 러시아의 발트함대와 일본의 연합함대의 대해전이 벌어졌습니다. 전력이 총동원된 대규모 해전은 약 40시간 만에 러시아의 발트함대가 쓰시마 앞바다와 동해 일대에서 일본 해군에 격멸되며 끝났습니다.

발트함대를 상대하는 일본의 연합함대

오늘의 한국사 1966년 일본, 약탈 문화재 2,328점 반환

1492년
콜럼버스 첫 항해

관련 국가 | **스페인**

1492년 오늘 스페인의 팔로스항에서 세계를 뒤바꾸어 놓을 한 탐험가의 항해가 시작됐습니다. 다시 돌아올 수 있을지 누구도 알 수 없는 대양 횡단 항해를 떠난 인물은 크리스토퍼 콜럼버스입니다. 대서양을 가로질러 남서쪽으로 향한 배는 낯선 섬에 도착했습니다. 콜럼버스는 자신이 인도에 도착했다고 굳게 믿었지만 그곳은 아메리카 대륙이었습니다.

아메리카 원주민과 콜럼버스

오늘의 한국사 1920년 임산부 안경신, 평남도청에 폭탄 투척

1964년 팔레스타인 해방기구 창설

관련 국가 | **팔레스타인, 이스라엘**

1948년 5월 14일 이스라엘이 팔레스타인 땅의 일부를 받고 건국을 선포했습니다. 그곳에 살던 팔레스타인 아랍 사람들은 살던 땅에서 쫓겨날 위기에 처했습니다. 다음 날 이집트를 필두로 한 아랍 연합군이 이스라엘을 공격하며 중동전쟁이 시작됐습니다. 아랍 연합군이 패배를 거듭하면서 팔레스타인의 땅은 점차 줄어들었고, 난민은 증가했습니다. 이에 13개 아랍 국가 정상들은 카이로에서 회담을 열어 팔레스타인 해방기구(PLO)를 설립했습니다.

PLO의 본부로 사용되었던 예루살렘의 오리엔탈 하우스

1990년 걸프 전쟁 시작

관련 국가 | **이라크, 쿠웨이트, 미국**

1990년 오늘 이라크군이 쿠웨이트 국경을 넘었습니다. 군대 10만 명이 전차 700대와 헬기 300대를 앞세웠고 도착한 지 한나절 만에 쿠웨이트는 점령되고 말았죠. 사담 후세인은 쿠웨이트를 이라크의 19번째 주로 편입시키며 더 이상 쿠웨이트라는 나라는 존재하지 않는다고 선포했습니다. 하지만 미국이 중심이 된 다국적 연합군이 공습에 나서면서 걸프 전쟁이 시작됐습니다.

쿠웨이트 상공을 나는 미국 공군기

오늘의 한국사 1907년 대한제국, 연호를 광무에서 융희로 변경

5 월
29 일

1453년
로마제국 멸망

관련 국가 | **오스만제국(튀르키예)**

십자군 전쟁으로 유럽을 초토화한 '셀주크제국'은 1299년에 지금의 튀르키예 지역에 오스만제국을 세우고 빠르게 영토를 확장해 나갔습니다. 약 150년 뒤에는 비잔티움 제국의 영토 대부분을 차지했죠. 1453년 오늘 제7대 술탄 메흐메트 2세는 10만 대군과 함대 70척을 이끌고 비잔티움제국의 수도인 콘스탄티노플을 점령했습니다. 2,000년을 이어온 로마제국의 역사가 완전히 끝난 것입니다.

콘스탄티노플에 입성하는 메흐메트 2세

오늘의 한국사 1972년 프랑스 파리에서 《직지심체요절》 발견

8 _월

1 _일

1834년
영국, 노예해방 선언

관련 국가 | **영국**

우리는 과거 흑인 노예를 향한 잔혹함과 야만성을 이야기할 때 미국을 먼저 떠올립니다. 하지만 유럽인들은 16세기부터 약 300년간 흑인 노예를 바다 건너 대륙으로 팔아넘겼습니다. 영국은 여기서 가장 큰 비중을 차지했고, 18세기에는 노예무역을 주도했습니다. 1833년 7월 26일 영국 하원에서 노예제 폐지 법안이 통과되었고, 1843년 오늘 영국은 노예해방을 선언했습니다.

고문당하는 흑인 노예

오늘의 한국사 1981년 해외여행 자유화

5월 30일

1431년
잔다르크 화형

관련 국가 | **프랑스, 잉글랜드(영국)**

그림 속 솟아오른 불길 위에 홀로 서 있는 소녀는 15세기 프랑스에서 화형당한 잔 다르크입니다. 전쟁터에 나가서 위기에 빠진 나라를 구하고 영웅이 되어 성녀로 추앙받던 잔 다르크는 전투 중 포로로 잡힌 뒤 잉글랜드에 팔렸습니다. 잉글랜드는 그녀를 악마의 추종자로 몰기 위해 교회에 넘겨서 이단 재판을 받게 했습니다. 재판 결과 12개의 죄목이 확정됐고, 1431년 오늘 루앙의 광장에서 19세의 나이로 화형당했습니다.

화형당하는 잔 다르크

오늘의 한국사 1910년 독립운동가 양진여 순국

8월

1933년
만주사변 종결

관련 국가 | **일본, 청나라(중국)**

청일전쟁과 러일전쟁에서 연달아 승리한 일본은 식민지 조선을 교두보 삼아 만주를 장악하고 중국 내륙을 침략할 기회를 호시탐탐 노렸습니다. 1931년 일본은 남만주철도 선로가 폭파하는 자작극을 빌미로 삽시간에 만주를 장악했습니다. 이후 만주에 '만주국'이라는 괴뢰정부를 세웠습니다. 1933년 오늘 일본과 중국 간에 일본이 만주를 지배하는 것을 인정하는 탕구 정전협정을 맺으면서 만주사변이 끝났습니다.

탕구 정전협정

오늘의 한국사 1982년 대한민국의 첫 인터넷 개설

7월
31일

1944년
생텍쥐페리 실종

관련 국가 | **프랑스**

《어린 왕자》로 널리 알려진 작가 앙투안 드 생텍쥐페리.
1921년 공군에서 조종사 면허를 취득한 후 프랑스 툴루즈의
라테코에르 항공사에서 조종사로 일했습니다. 제2차 세계
대전에 참전한 1944년 오늘, 생텍쥐페리는 정찰 임무를 위
해 6시간분의 연료를 싣고 지중해의 코르시카 기지를 떠났
습니다. 그러나 귀환 예정 시간이 지났음에도 돌아오지 않
았고 끝내 실종되었습니다.

오늘의 한국사 2009년 《동의보감》 세계기록유산 등재

6월

1863년
헨리 포드 탄생

관련 국가 | **미국**

미국을 넘어 세계 자동차 산업 발전을 주도한 헨리 포드가
1863년 오늘 탄생했습니다. 16세에 작은 기계 제작소 수습
공으로 자동차와 인연을 맺은 그는 발명가 에디슨의 전기회
사에 입사해 자동차 연구에 몰두했습니다. '서민들도 탈 수
있는 저렴한 자동차를 만들겠다'라는 결심으로 회사를 세운
포드는 값싸게 만들어 값싸게 파는 제조 시스템으로 자동차
의 대중화를 이끌어냈습니다.

포드 자동차의 조립 라인

오늘의 한국사 918년 고려 건국

1968년
헬렌 켈러 사망

관련 국가 | **미국**

미국의 교육자이자 사회사업가였던 헬렌 켈러가 1968년 오늘 사망했습니다. 태어난 지 19개월 만에 뇌막염을 앓고 볼 수도 들을 수도 없게 된 그녀는 7세 때 특수교사 앤 설리번을 만나 가르침을 받으며 장애를 극복했습니다. 시청각 장애인으로는 최초로 대학을 졸업한 헬렌 켈러는 사회적 약자와 소외자들을 위해 남은 생을 살았습니다. 그녀의 유해는 스승이었던 설리번의 곁에 묻혔습니다.

헬렌 켈러와 앤 설리번

오늘의 한국사 1990년 한국 네트워크 인터넷에 처음 연결

1890년
빈센트 반 고흐 사망

관련 국가 | **프랑스**

〈밤의 카페테라스〉〈별이 빛나는 밤〉 등 자신만의 색채를 지닌 그림을 남긴 화가 빈센트 반 고흐. 우울증이 심했던 그는 1890년 7월 27일, 프랑스의 오베르에서 자신의 가슴을 향해 총을 겨누고 스스로 방아쇠를 당겼습니다. 그리고 이틀 뒤 오늘 동생 테오도로스의 옆에서 눈을 감았습니다.

〈별이 빛나는 밤〉

오늘의 한국사 1983년 대한민국 거주 인구 4,000만 명 돌파

1953년 엘리자베스 2세 대관식 TV 중계

관련 국가 | **영국**

영국의 엘리자베스 2세는 아버지 조지 6세가 폐암으로 사망한 1952년에 여왕 자리에 올랐습니다. 그녀는 즉위한 지 1년이 지나서야 대관식을 치렀습니다. 그녀의 대관식에는 많은 준비가 필요했는데, 무엇보다 영국 최초로 대관식을 TV로 생중계했기 때문입니다. 이때는 흑백 TV가 보급되기 시작한 시기로 많은 사람이 대관식을 보려 TV를 샀습니다. 이들은 넥타이와 드레스 등을 차려입은 상태로 방송을 봤다고 합니다.

엘리자베스 2세와 남편 필립 공작

1942년
명령 제227호 공표

관련 국가 | **소련(러시아), 독일**

제2차 세계대전의 독소전쟁이 한창이던 1942년 7월, 독일 군은 석유의 주요 운송로이자 전략적 요충지인 스탈린그라드를 노렸습니다. 거세게 진격하는 수십만 명의 독일군과 이에 대항하는 소련군이 맞붙은 스탈린그라드는 독일군과 소련군의 거대한 무덤이 되고 있었습니다. 이때 스탈린은 "한 걸음도 물러서지 마라!"라는 명령 제227호를 내렸고, 후퇴하는 자는 반역자가 되었습니다.

명령 제227호 기념 우표

오늘의 한국사 1849년 조선 제25대 국왕 철종 즉위

1839년
제1차 아편전쟁

관련 국가 | **청나라(중국), 영국**

1840년 오늘 영국의 증기선 4척, 군함 15척, 소형 함선 25척이 청나라 영해에 나타났습니다. 영국은 공식적으로 무역 중단과 아편 파괴에 따른 손실 보상을 청나라 정부에 요구했지만 거절당했습니다. 제1차 아편전쟁이 시작된 것입니다. 영국이 이 전쟁에서 처음 선보인 철갑 증기 동력선 네메시스호는 청나라 해군을 초토화했습니다. 더는 버틸 수 없던 청나라는 중국 최초의 불평등 조약인 난징조약을 맺고 전쟁을 끝냈습니다.

청나라 정크선을 파괴하는 네메시스호

오늘의 한국사 1964년 한일협상에 반대하는 6·3 항쟁 발생

1929년
제네바 협약

제네바 협약은 스위스 제네바에서 조인된 네 개의 조약으로 이루어진 협약으로, 80년 이상에 걸쳐 만들어졌습니다. 전투에 참여하지 않거나 전투 범위 밖에 있는 자는 보호받고 인도적인 대우를 받아야 함을 원칙으로 합니다. 1929년 오늘은 제3차 협약인 전쟁 포로의 대우에 대한 제네바 협약이 채택되었습니다.

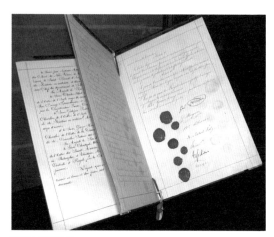

제네바 협약 문서

오늘의 한국사 1953년 판문점에서 한국전쟁 정전협정 체결

1989년
텐안먼 사건

관련 국가 | **중국**

1989년 오늘 중국의 대학생과 지식인을 비롯한 시민 수만 명이 베이징 톈안먼 광장에 모였습니다. 이들은 부정부패 척결과 정치 개혁, 민주화를 요구하며 시위를 벌였습니다. 중국 정부는 인민해방군을 동원해 시민들을 향해 발포하며 유혈 진압했습니다. 중국 정부는 사망자가 875명이라고 발표했으나 국제적십자협회는 2,600여 명으로 발표했습니다. 비공식 집계로는 1만 명 이상이 톈안먼 사건에서 목숨을 잃은 것으로 추정합니다.

시위대와 인민해방군의 충돌

오늘의 한국사 2002년 월드컵 첫 승리

1945년
포츠담 선언

관련 국가 | **영국, 미국, 소련(러시아)**

제2차 세계대전이 마무리되던 1945년 7월, 연합국의 지도자들이 독일의 포츠담에 모였습니다. 영국 총리 처칠, 미국 대통령 트루먼, 소련의 지도자 스탈린은 제2차 세계대전을 일으킨 독일의 전후 처리를 논의하고, 아시아·태평양 전쟁의 주모자인 일본에 항복을 권유하는 '포츠담 협정'을 맺었습니다. 며칠 뒤인 7월 26일에는 '포츠담 선언'으로 일본에 대한 전쟁 이후의 처리 방침을 알렸습니다.

포츠담 회담 중인 영국·미국·소련 지도자

오늘의 한국사 1950년 노근리 양민 학살사건

1968년
로버트 F. 케네디 암살

관련 국가 | **미국**

로버트 F. 케네디는 1963년 암살로 생을 마감한 존 F. 케네디 대통령의 동생이자 정치적 동반자였습니다. 존 F. 케네디의 모든 선거를 총괄했던 총괄한 로버트는 갑작스러운 형의 죽음에 법무부 장관을 사임하고 본격적으로 정치를 시작했습니다. 4년 만에 대통령 출마를 공식 선언한 그는 캘리포니아주 민주당 예비선거에서 승리한 1968년 오늘 팔레스타인 출신 이민자가 쏜 총알이 머리를 관통해 사망했습니다.

오늘의 한국사 1978년 조세희 《난쟁이가 쏘아올린 작은 공》 출간

7 월

25 일

1894년
청일전쟁 발발

관련 국가 | **청나라(중국), 일본**

잔잔하고 평화롭던 조선의 섬 풍도 앞바다, 동학농민군을 진압할 병력을 실은 청나라 수송선이 상륙을 앞두고 있었습니다. 이 정보를 입수한 일본군은 청나라군의 조선 진입을 막기 위해 본토에서 세 척의 함대를 풍도로 출동시켰습니다. 이내 몇 척의 배 사이로 대포가 날아드는 포격전이 펼쳐졌습니다. 청일전쟁의 신호탄인 풍도해전은 이렇게 시작되었습니다.

일본이 묘사한 풍도해전

6 월

6 일

1944년
노르망디 상륙 작전

관련 국가 | **미국, 영국, 독일**

1944년 오늘 제2차 세계대전의 정점이라 할 수 있는 '노르망디 상륙작전'이 시작됐습니다. 서유럽을 탈환하기 위해 미국, 영국 등의 대규모 연합군이 독일이 점령하고 있던 프랑스 북부 노르망디 해안에 상륙한 것입니다. 약 300만 명의 병력과 1,200여 대의 항공기, 5,000여 척의 선박이 동원됐습니다. 역사상 최대 규모의 상륙작전으로 연합군은 8월 25일에 파리를 탈환했고 뒤이어 본격적으로 독일 본토를 공격하기 시작했습니다.

노르망디 위치

오늘의 한국사 1956년 최초의 현충일 기념식

1911년 마추픽추 발견

관련 국가 | **페루**

1911년 미국의 고고학자 하이럼 빙엄은 잉카 제국 최후의 수도 빌카밤바를 찾아 모험을 떠났습니다. 어느 날 그는 마추픽추 꼭대기에 숨겨진 도시가 있다는 이야기를 듣고 원주민의 도움을 받아 올라갔습니다. 그곳에는 정말 세상에 알려지지 않은 폐허의 도시가 있었습니다. 해수면에서 2,430m 높이에 자리한 마추픽추는 유네스코 세계 문화 유산으로 지정되었습니다.

1654년
루이 14세 대관식

관련 국가 | **프랑스**

루이 14세는 1643년 5세의 나이로 프랑스 국왕이 되었습니다. 그러나 그의 대관식은 11년 뒤인 1654년 오늘 치뤘습니다. 루이 13세가 죽고 어린 왕위 즉위하사 왕권이 약해진 틈을 노려 '프롱드의 난'이 일어났기 때문입니다. 10세의 나이에 아무런 준비도 없이 야밤에 잠옷 차림으로 쫓기듯 도망간 루이 14세는 4년이 지나서야 승리자의 이름으로 파리에 입성했습니다. 그리고 16세에 대관식을 치른 것입니다.

대관식 가운을 입은 루이 14세

오늘의 한국사 1920년 봉오동 전투 승리

1968년
이스라엘 항공기 납치

관련 국가 | **이스라엘, 팔레스타인**

공항은 곳곳에 무장한 경찰이 있고, 비행기를 타려면 금속 탐지기와 엑스레이 검색대 등 검색 시스템을 통과해야 합니다. 사실 과거에는 비행기를 타기 전에 짐 검사도 제대로 하지 않았고 신분증만 있으면 입국 심사가 끝났습니다. 그런데 1968년 오늘 팔레스타인 인민해방전선이 이스라엘 항공의 여객기를 납치한 것을 시작으로 1972년까지 비행기 납치와 무차별 항공 테러가 연이어 발생하면서 보안이 강화됐습니다.

납치 사건에 연루된 항공기

오늘의 한국사 1882년 임오군란 발생

632년
무함마드 사망

관련 국가 | **이슬람제국**

이슬람에서는 하느님이 보낸 최후의 예언자를 무함마드라
고 합니다. 고대 아라비아의 예언자이자 이슬람교의 창시자
인 무함마드는 유복한 집에서 태어났으나 어려서 부모를 잃
고 가난한 목동으로 자랐습니다. 청년 시절 부유한 여인과
결혼해 무역업으로 큰돈을 벌게 된 그는 은둔과 명상에 들
어갔고 610년에 메카 신의 계시를 받았습니다. 이후 632년
에 사망할 때까지 꾸준히 계시를 받으며 이슬람의 깃발 아
래 아라비아반도를 통일했습니다.

천사 가브리엘의 계시를 받은 무함마드

1933년
단독 세계일주 비행

관련 국가 | **미국**

1933년 오늘 뉴욕 플로이드베넷 공항에는 5만여 명이 몰려들었습니다. 항공기 엔지니어 와일리 포스트가 최초로 단독 세계일주 비행에 성공하는 순간을 지켜보기 위해서였죠. 자정을 앞둔 시간 지구를 한 바퀴 돌고 온 비행기가 활주로에 내려앉았습니다. 그의 비행시간은 7일 18시간 49분으로, 2년 전 동료와 함께 조종간을 잡았던 최초의 세계일주 비행 기록보다 21시간 이상 빨랐습니다.

오늘의 한국사 1906년 최초의 신소설 이인직의 〈혈의루〉 연재 시작

6 월

9 일

68년
네로 황제 자살

관련 국가 | **로마제국**

네로 황제는 한때 로마 시민에게 큰 사랑을 받았습니다. 귀족에게만 허락된 문화와 예술을 개방했고, 평민을 위한 다양한 정책을 펼쳤으며, 로마를 평화와 번영으로 이끌었기 때문입니다. 동시에 그는 어머니를 죽인 패륜아, 잔혹한 그리스도 교도 탄압, 로마를 불태운 방화범 등으로 불리며 최악의 폭군으로도 평가받습니다. 결국 68년에 황제를 끌어내리기 위한 반란이 일어났고 네로는 30세의 나이에 스스로 목을 찔러 생을 마감했습니다.

네로의 죽음

오늘의 한국사 1987년 학생운동가 이한열 민주화 운동 중 최루탄을 맞고 쓰러짐

1925년
원숭이 재판

관련 국가 | **미국**

1925년 3월 미국 남부의 보수적인 테네시주는 공립학교의 진화론 교육을 금지한 「버틀러 법」을 통과시켰습니다. 《성경》에 반하는 교육을 해서는 안 된다는 이유였죠. 「버틀러 법」에 반대하는 생물교사 존 스코프스는 법의 문제점을 알리기 위해 진화론을 가르쳤습니다. 결국 그는 재판정에 섰고 배심원은 유죄 평결을 내렸습니다. 하지만 2년 뒤 대법원은 그에게 무죄를 선고했습니다.

6월 10일

1901년 쑨원 망명

관련 국가 | **청나라(중국), 일본**

중국의 국부라 불리는 쑨원은 20대 청년 시절인 1890년대 부터 혁명 조직을 만들어 청나라를 무너뜨리고 새로운 나라를 세우기 위한 혁명 활동을 주도해 온 인물이었습니다. 그는 나라를 살리려면 일본의 메이지 유신처럼 서양 문물을 적극 받아들이는 변법자강운동을 시도했으나 실패했고, 목숨을 부지하기 위해 1901년 오늘 일본으로 탈출해 망명했습니다.

1944년
7·20 음모

관련 국가 | **독일**

2차 세계대전이 막바지로 치닫던 1944년 7월 20일, 클라우스 폰 슈타우펜베르크 대령은 '발키리'라는 히틀러 암살 작전에 가담했습니다. 그는 폭탄을 넣은 서류 가방을 나치 장교들의 비밀 작전 회의 장소인 늑대굴로 가져가 히틀러가 앉은 의자 밑에 밀어 넣고 자리를 떠났습니다. 하지만 가방이 걸리적거린다며 누군가 옮겼고 히틀러는 가벼운 부상만 입었습니다. 이 작전에 가담한 혐의로 수천 명이 처형당했습니다.

폭파 직후 늑대굴

기원전 1184년 트로이아 전쟁

관련 국가 | **트로이아, 스파르타**

세계사에서 가장 유명한 전쟁 중 하나인 트로이아 전쟁이 3천여 년 전 오늘 일어났습니다. 트로이아의 왕자로 살아가던 파리스는 세상에서 가장 아름다운 여인 헬레네를 보고 첫눈에 반했습니다. 그녀 곁에는 스파르타의 왕 메넬라오스가 있었으나 그가 잠시 자리를 비운 사이, 파리스는 헬레네를 데리고 트로이아로 달아났습니다. 아내를 잃은 메넬라오스는 복수심에 불타 대규모 연합군을 조직했고 트로이아 전쟁이 시작됐습니다.

파리스와 헬레네의 사랑

오늘의 한국사 1894년 동학농민군과 조선 정부의 전주 화약

1553년
메리 1세 여왕 즉위

관련 국가 | **잉글랜드(영국)**

1553년 오늘 영국 최초의 여왕이 탄생했습니다. 헨리 8세는 세 번째 부인과의 사이에서 낳은 에드워드 6세에게 왕위를 물려주었습니다. 하지만 그가 7년 뒤에 사망하면서 헨리 8세와 첫 번째 부인 사이의 딸 메리가 왕위에 올랐습니다. 여왕이 된 메리 1세는 아버지가 어머니와 이혼하기 위해 만든 영국 국교회를 다시 가톨릭으로 돌려놓았습니다. 이 과정에서 수많은 사람을 처형해 '피의 메리'라는 수식어가 생겼습니다.

오늘의 한국사 1947년 독립운동가 여운형 암살

1776년
버지니아 권리 장전

관련 국가 | **미국**

인류의 역사에서 처음으로 헌법에 행복추구권을 규정한 것
은 미국의 '버지니아 권리 장전'입니다. 독립전쟁을 갓 시작
한 1776년 오늘, 버지니아 의회는 '버지니아 권리 장전'을
만장일치로 채택했습니다. 제1조는 '생명과 자유의 향유' 그
리고 '행복과 안전의 추구'를 담고 있습니다. 이는 근대 최초
성문헌법인 미국 헌법의 초석이 되었습니다.

버지니아 권리 장전 채택

오늘의 한국사 1950년 한국은행 설립

64년
로마 대화재

관련 국가 | **로마**

64년 오늘 로마의 대전차 경주장 부근에서 불이 났습니다. 당시 황제와 귀족들은 돌을 사용해 집을 지었지만 평민의 집과 시장은 대부분 목조로 지어져 피해가 매우 컸습니다. 소방대가 있었지만 진화 도구는 고작 양동이뿐이었고, 불길은 무려 6박 7일 동안 타올랐습니다. 로마의 3분의 2를 태워버린 화재로 평민들의 터전은 잿더미로 변해버렸습니다.

오늘의 한국사 1904년 〈대한매일신보〉 창간

1858년
톈진 조약

관련 국가 | **영국, 프랑스, 청나라(중국)**

1856년 영국과 프랑스는 6천여 명의 연합군을 결성해 청나라 광저우를 점령하며 제2차 아편전쟁을 일으켰습니다. 막강한 해군력을 앞세운 연합군이 황제가 사는 베이징의 바로 밑인 톈진까지 쳐들어오자 청나라는 끝내 굴복했고 청나라에서 외국의 광범위한 특권을 인정하는 톈진 조약을 맺었습니다.

영국과 청나라의 조약 서명

1918년
마지막 황제 처형

관련 국가 | **러시아**

사진은 러시아제국의 마지막 황제 니콜라이 2세 일가입니다. 황제에게는 황비와 네 공주, 그리고 황태자인 막내아들이 있었습니다. 황제 부부는 사랑이 넘쳤고 가족은 화목하기 이를 데 없었죠. 하지만 5년 뒤 혁명이 일어났고 이들은 한밤중에 지하실로 불려가 총살당했습니다. 300년이 넘도록 세계를 호령하던 러시아제국은 하루아침에 허물어졌습니다.

오늘의 한국사 1948년 대한민국 헌법 공포

1777년
미국 성조기 채택

관련 국가 | **미국, 영국**

우리가 알고 있는 미국 국기는 빨간색과 흰색이 교차하는 13개의 줄에 왼쪽 위에는 50개의 별이 수놓아진 모습입니다. 13개의 줄은 영국이 처음 아메리카 대륙에 세운 13개의 식민지를 상징합니다. 그리고 성조기의 별들은 미국의 각 주를 상징하죠. 독립전쟁 중에 영국 국기 대신 별을 그려 넣게 된 것입니다. 1777년 오늘 미국의회(대륙회의)는 당시의 성조기를 국기로 채택했습니다.

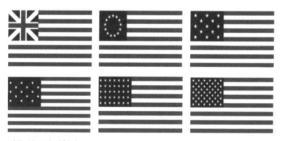

미국 성조기 변천사

7월

16일

1945년
트리니티 실험

관련 국가 | **미국**

1945년 오늘 새벽, 최초의 핵실험인 트리니티 실험이 진행됐습니다. 사람들이 쉽게 접근할 수 없고 폭탄이 터지는 효과를 정확히 볼 수 있는 평평한 지형인 뉴멕시코주 사막에 수십 명의 사람이 모였습니다. 가제트 핵폭탄은 12km 높이의 버섯구름을 만들며 성공적으로 폭발했습니다. 맨해튼 프로젝트의 핵무기 실험 성공은 일본에 원자폭탄 투하로 이어졌습니다.

오늘의 한국사 1950년 제주 민간인 학살

6 ^월

15 ^일

1977년 스페인
첫 민주주의 선거

관련 국가 | **스페인**

1936년부터 약 3년간 스페인 내전이 벌어졌습니다. 귀족 중심의 우파와 노동자 중심의 좌파 사이에 일어난 전쟁으로 최소 수십만 명 이상이 목숨을 잃었습니다. 전쟁은 우파의 승리로 끝났으며 이후 36년간 우파 지도자인 프랑코의 독재가 이어졌습니다. 1975년 프랑코가 사망하며 스페인의 민주화가 가속화되었고, 1977년 오늘 첫 민주주의 선거를 치렀습니다.

1987년
대만, 계엄령 해제

관련 국가 | **대만**

우익 또는 보수 세력이 정치적 목적 달성을 위해 벌이는 테러를 '백색 테러'라고 합니다. 이는 좌익 또는 혁명 세력의 테러인 '적색 테러'와 대비되는 단어입니다. 대만은 계엄령을 선포한 1949년부터 이를 해제한 1987년 오늘까지를 백색 공포 시기라고 부릅니다. 국민당 독재와 국가에 의한 공포 행위가 오늘 해제됐습니다.

계엄령 포고문

1924년 황포군관학교 개교

관련 국가 | **중화민국(중국)**

쑨원은 1921년에 중국 광저우에 정부를 수립하고 '중화민국 대총통'에 올랐습니다. 그리고 쑨원은 소련과 동맹을 맺고 무기와 자금을 지원받았습니다. 이렇게 힘을 키운 뒤 광저우 인근에 황포군관학교를 세웠습니다. 이곳은 중국 최초의 현대식 군사학교로 수많은 장군과 군사 지도자들을 배출했습니다.

황포군관학교 개교식

1933년
독일, 단종법 공포

관련 국가 | **독일**

독일 나치 정권은 우생학을 국가 보건정책으로 채택했습니다. 우월한 유전자는 보존하고 열등한 유전자는 소멸시키는데 국가가 앞장선 것이죠. 히틀러는 큰 키와 금발을 가진 북유럽의 게르만족을 일컫는 순수 아리아인의 출생률 증가에 열을 올렸습니다. 1933년 오늘 독일은 유대인 말살을 위해 신체·정신상의 악질 유전이 예상되는 병을 정해 우생재판소가 단종수술 결정을 내린다는 '단종법'을 공포했습니다.

단종법 선전 포스터

6월
17일

1866년
오스트리아 선전포고

관련 국가 | **오스트리아, 프로이센(독일), 프랑스**

1866년 오늘 오스트리아가 프로이센에 선전포고했습니다. 소 독일주의로 통일을 추구하던 프로이센과 대 독일주의를 지향하던 오스트리아의 합스부르크 왕조 간에 전쟁이 벌어진 것입니다. 프로이센이 승리하며 강력한 프로이센이 탄생했고, 1870년에는 프로이센과 프랑스 사이에 전쟁이 벌어졌습니다. 이 전쟁 역시 프로이센이 승리하며 통일 독일이 성립됐습니다.

독일제국 황제에 즉위한 빌헬름 1세

1930년
첫 FIFA 월드컵

관련 국가 | **우루과이**

1930년 오늘 우루과이 몬테비데오에서 최초의 FIFA 월드컵이 시작됐습니다. 첫 월드컵 개최국이 우루과이인 이유는 당시 건국 100주년을 맞이했고, 1924년과 1928년 올림픽을 2연패하며 세계적인 축구 강호로 떠올랐기 때문입니다. 총 18일간 치러진 월드컵에는 13개국이 참가했으며 우루과이가 첫 번째 우승 국가가 되었습니다.

아르헨티나와 우루과이의 결승전이 열린 경기장

오늘의 한국사 1973년 신라 금관 발견

2012년
살만 빈 왕세자 임명

관련 국가 | **사우디아라비아**

사우디아라비아의 초대 국왕인 압둘아지즈는 알려진 아들만 45명이 넘었습니다. 그중 25번째 아들로 태어난 살만 왕자에게 왕위는 너무나도 먼 자리였습니다. 하지만 압둘아지즈 국왕은 일찌감치 장자 승계가 아닌 형제 승계로 결단을 내렸습니다. 살만 왕자는 리야드 주지사와 국방장관을 거쳐 오랜 기다림 끝에 2012년 오늘 왕세자에 임명됐습니다. 2015년에는 사우디아라비아 7대 국왕에 올랐습니다.

오늘의 한국사 1938년 총독부 교실에서 〈황국 신민 서사〉 제창 지시

1790년
『성직자기본법』 제정

관련 국가 | **프랑스**

과거 프랑스는 왕족을 제외하고 세 개의 계급으로 나뉘었습니다. 제1 신분은 성직자, 제2 신분은 귀족, 그리고 제3 신분이 평민이었죠. 전체 인구의 98%인 평민은 약 2%를 차지하는 성직자와 귀족을 위한 세금을 내며 착취당하고 있었습니다. 프랑스 혁명 도중이던 1790년 오늘 혁명정부는 제1신분인 성직자를 시민으로 포함하고 재산과 직위 임명 등을 통제하는 「성직자기본법」을 제정했습니다.

1953년
로젠버그 부부 사형

관련 국가 | **미국, 소련(러시아)**

냉전 시대 미국과 소련은 언제든 서로에게 침공당할 수 있다는 공포심을 가지고 있었습니다. 이 때문에 언제든 공격 가능한 무기를 개발하는 데 엄청난 돈과 노력을 들였죠. 특히 핵 개발에 많은 돈과 시간을 쏟았습니다. 1953년 오늘 미국의 핵폭탄 기밀을 소련에 빼돌린 혐의로 유죄 판결을 받은 줄리어스 로젠버그 부부의 사형이 전기의자에서 집행됐습니다.

오늘의 한국사 1960년 미국 대통령 첫 내한

1995년
스레브레니차 집단학살

관련 국가 | **세르비아, 보스니아**

옛 유고연방에서 내전이 진행 중이던 1995년 7월, 보스니아의 '스레브레니차' 지역에서 세르비아 민병대는 인종 청소라는 이름으로 이곳에 살던 보스니아의 모슬렘 남성과 소년 약 8,000명을 잔혹하게 살해했습니다. 당시 스레브레니차는 유엔에 의해 안전 지역으로 보호받았음에도, 이러한 집단학살이 벌어져 전 세계에 충격을 주었습니다. 매년 오늘, 스레브레니차 희생자를 기리는 날로 기념합니다.

스레브레니차 집단학살 추모비

오늘의 한국사 1973년 천마총 유물 출토

1789년
테니스 코트 서약

관련 국가 | **프랑스**

1789년 오늘 프랑스 왕국의 평민을 의미하는 제3신분의 평민 대표들이 국민의회를 결성했습니다. 프랑스 정부는 이를 진압하기 위해 의회장 폐쇄를 결정했죠. 그러자 대표들은 베르사유궁전 인근의 테니스 코트로 장소를 옮겼고 '프랑스를 위한 헌법을 제정하기 전에는 절대로 해산하지 않겠다'라는 서약을 했습니다. 이는 프랑스 혁명의 마중물이 되었습니다.

테니스 코트 서약

1991년 러시아 초대 대통령 취임

관련 국가 | **러시아**

1989년 고르바초프 소련 서기장은 냉전이 끝났음을 공식 선언했습니다. 그는 공산당이 독재하던 소련의 정치 체계를 사회민주주의로 바꾸고, 간접선거를 통해 소련의 서기장에서 대통령으로 직책을 변경했습니다. 1991년 6월에는 소련에서 벗어나 완전한 독립국가가 되겠다는 주권 선언과 함께 직선제 대통령 선거를 치렀습니다. 이때 57%의 득표율로 당선된 보리스 옐친이 오늘 러시아의 초대 대통령에 취임했습니다.

러시아의 자유민주화 승리를 축하하는 옐친

오늘의 한국사 1919년 대한민국 임시정부, 연통제 공포 시행

6월 21일

1900년
의화단 사건

관련 국가 | **청나라(중국)**

민간 종교 집단인 의화단은 대부분 삶의 터전을 잃은 농민들이었습니다. 이들은 '서양 세력을 몰아내고 청조를 지키자'라는 명목으로 무술을 익혔습니다. 청일전쟁에서 떠안은 막대한 배상금을 갚기 위해 청 조정은 백성들의 주머니를 쥐어짰으니 서양인이 달갑게 보일 리 없었죠. 서구 열강을 향한 의화단의 반감은 점점 커졌습니다. 1900년 오늘 20만명이 넘는 의화단이 베이징으로 쳐들어갔고 닥치는 대로 서양인을 죽였습니다.

의화단의 서양인 학살

오늘의 한국사 1908년 독립운동가 윤봉길 탄생

1955년
러셀-아인슈타인 선언

관련 국가 | **영국, 미국**

1945년 8월 6일, 일본 히로시마에 원자폭탄이 떨어졌습니다. 이 소식을 들은 영국의 철학자 버트런드 러셀은 핵무기가 앞으로 인류를 위협할 것이라 예견했고 핵무기 반대 운동을 시작했습니다. 1951년 핵폭탄보다 강력한 수소폭탄이 개발되자 러셀은 친구이자 미국의 물리학자인 알베르트 아인슈타인과 핵무기에 반대하는 성명을 냈습니다. 이를 러셀-아인슈타인 선언이라고 합니다.

러셀과 아인슈타인

오늘의 한국사 1906년 의병 75명 무기 감금형 선고

1941년 독소전쟁 시작

관련 국가 | **독일, 소련(러시아)**

1941년 오늘 독일군이 소련을 공격하며 독소전쟁이 시작됐습니다. 거침없이 진격하던 독일군이 잔인한 방식으로 수많은 민간인을 학살한 곳은 오늘날의 상트페테르부르크인 레닌그라드시입니다. 시민들은 항복하지 않겠다는 의지를 불태우며 저항했고 독일군은 레닌그라드를 점령하는 대신에 에워싸고 봉쇄해 시민들을 굶어 죽게 만들어 항복을 받아내려 했습니다. 봉쇄는 900일 가까이 이어졌습니다.

독일군의 폭격으로 파괴된 레닌그라드

1914년 중화혁명당 결성

관련 국가 | **중화민국(중국)**

1913년 중화민국의 혁명가 쑨원을 따르던 이들이 만든 국민당의 대표인 쑹자오런이 암살당했습니다. 암살을 지시한 자는 쑨원의 임시대총통 자리를 넘겨받은 위안스카이였죠. 권력을 장악한 그는 국민당 대표를 암살하고, 국민당을 없앴으며, 국회까지 해산했습니다. 다음 타깃이 될 수도 있는 쑨원은 일본으로 향했고 그곳에서 1914년에 중화혁명당을 결성했습니다.

중화혁명당원

2016년
브렉시트

관련 국가 | **영국**

브렉시트(brexit)는 영국(britain)이 유럽의 정치 및 경제 공동체인 유럽연합(EU)을 탈퇴(exit)한다는 뜻의 합성어입니다. 2016년 오늘 영국에서는 유럽연합에서의 탈퇴를 묻는 투표가 진행되었고, 개표 결과 찬성 51.9%, 반대 48.1%로 영국의 유럽연합 탈퇴가 확정되었습니다. 이후 몇 년의 탈퇴 협상을 거쳐 2020년 1월 31일 영국은 유럽연합에서 정식 탈퇴했습니다.

영국(주황색)과 나머지 유럽연합국(파란색)

오늘의 한국사 2012년 대한민국 인구 5,000만 명 돌파

1937년
7·7 사변

관련 국가 | **중국, 일본**

1937년 오늘, 늦은 시간에 중국 베이징시 외곽에서 몇 발의
총성이 울렸습니다. 당시는 중국군과 일본군의 긴장이 고조
된 상태였죠. 총성에 놀란 일본은 그 원인을 찾아 나섰고, 자
신들의 병사 한 명이 실종됐다며 중국군을 공격했습니다.
하지만 이는 일본의 자작극이었습니다. 이 사건을 계기로
중일전쟁이 일어났습니다.

중국 수비군 출동

오늘의 한국사 1970년 서울-부산 간 경부고속도로 전 구간 개통

1812년
나폴레옹 러시아 원정

관련 국가 | **프랑스, 러시아**

19세기 초 프랑스 황제 나폴레옹은 영국과 러시아를 제외한 유럽 대부분의 국가를 정복한 상태였습니다. 하지만 해전에서는 영국에 밀렸습니다. 나폴레옹은 유럽 전역에 영국과의 무역을 금지하는 대륙 봉쇄령을 내려 영국을 압박했습니다. 그런데 러시아가 이를 무시하고 영국과의 교역을 이어나가자, 1812년 오늘 나폴레옹은 60만 명의 대군을 이끌고 러시아 원정에 나섰습니다. 전쟁은 나폴레옹의 처참한 패배로 끝났습니다.

러시아에서 퇴각하는 나폴레옹

1785년
달러 미국 통화 채택

관련 국가 | **미국**

달러는 세계에서 가장 막강한 화폐 중 하나입니다. 미국의 화폐인 달러는 언제 처음 만들어졌을까요? 미국은 1776년 독립선언 이후 영국의 식민지에서 벗어났습니다. 그러나 자체적인 화폐 체계를 마련하지 못해 유럽 화폐를 사용했죠. 1785년 오늘 열린 대륙회의에서 '미합중국의 화폐단위를 달러로 지정한다'라고 선포했습니다.

미국 달러 지폐

오늘의 한국사 | 1946년 이봉창·윤봉길·백정기 유해 봉환, 국민장 거행

1947년
《안네의 일기》 출판

관련 국가 | **네덜란드, 독일**

1941년 독일은 네덜란드를 점령했습니다. 식료품 공장을 운영하던 오토 프랑크는 공장 창고와 뒷방 사무실에 가족들과 숨었습니다. 하지만 1944년에 히틀러 정권의 비밀경찰 게슈타포에게 들키고 말았죠. 이때 오토의 딸 안네 프랑크가 나치의 눈을 피해 숨어 지낸 2년간 쓴 일기가 발견되었습니다. 안네는 강제 수용소에서 사망했고, 1947년 오늘 《안네의 일기》가 출간되었습니다.

《안네의 일기》 초판

오늘의 한국사 1950년 조선인민군의 남침으로 6·25 전쟁 발발

독립의 날

관련 국가 | **베네수엘라, 알제리**

오늘은 베네수엘라와 알제리의 특별한 날입니다. 1811년 베네수엘라는 스페인으로부터 독립한 첫 번째 남미 국가가 되었습니다. 이를 시작으로 콜롬비아, 에콰도르, 페루 등이 스페인의 지배에서 벗어났습니다. 1962년에는 알제리가 프랑스로부터 독립했죠. 두 나라 모두 7월 5일을 '독립의 날'로 제정했습니다.

베네수엘라의 독립 서명

오늘의 한국사 1987년 6월 9일 최루탄을 맞았던 이한열 사망

1843년
홍콩 영국에 할양

관련 국가 | **청나라(중국), 영국**

1997년은 홍콩인에게 잊을 수 없는 해입니다. 7월 1일 영국의 속령이었던 홍콩이 중국에 반환되었기 때문입니다. 1839년, 영국과 청나라는 아편 때문에 전쟁을 벌입니다. 전쟁 결과 1843년 오늘 홍콩이 공식적으로 영국에 할양되었습니다. 그렇게 할양된 홍콩은 영국 땅이 된 지 155년 만인 1997년, 다시 중국으로 반환되었습니다.

영국령 시기 홍콩의 기

오늘의 한국사 1949년 안두희, 독립운동가 김구 저격

1776년
미국, 독립선언서 채택

관련 국가 | **미국**

오늘은 미국인이 가장 의미 있는 날로 여기는 독립기념일 입니다. 1776년 13개의 식민지 대표들이 필라델피아에 모 여서 공식적으로 미국의 독립선언서를 발표했습니다. 인권, 자유, 평등의 원칙을 강조하며 생명과 자유, 그리고 행복 추 구의 권리를 주장한 선언이었습니다. 이 선언서는 미국 혁 명의 정당성을 뒷받침하는 문서로서, 이후 프랑스 혁명을 비롯해 세계 민주주의 운동에 큰 영향을 끼쳤습니다.

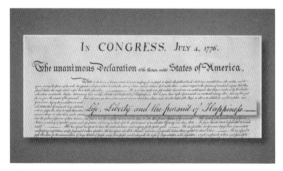

미국의 독립선언문

오늘의 한국사 1972년 7·4 남북 공동 성명 발표

1976년
엔테베 작전

관련 국가 | **이스라엘, 팔레스타인, 우간다**

1976년 오늘 그리스 아테네에서 테러범을 승객으로 태운 비행기가 피랍됐습니다. 팔레스타인 무장단체인 테러범은 인질들을 아프리카 우간다의 엔테베 공항에 억류했고, 500만 달러와 다른 나라에 투옥된 테러범 53명의 석방을 요구했죠. 유대인이 아닌 인질을 풀어주며 이스라엘 국민만 인질로 남게 되자, 이스라엘 특공대는 엔테베에 침투했고 무사히 인질을 구출했습니다.

엔테베 작전 성공 후 환호하는 이스라엘 국민들

오늘의 한국사 1408년 태조 이성계 승하

1778년
감자 전쟁 시작

관련 국가 | **독일, 오스트리아**

1778년 바이에른 공작이 후계자 없이 사망했습니다. 그의
후계 자리를 두고 프리드리히 대제가 이끄는 프로이센과 마
리아 테레지아의 오스트리아가 맞붙었습니다. 양측의 대치
는 전투 없이 10개월간 이어지다가 끝났습니다. 이 전쟁을
감자 전쟁이라고도 하는데, 오랜 대치에 내몰린 병사들이
배고픔에 못 이겨 총 대신 호미를 들고 적군보다 먼저 감자
를 캐려는 경쟁이 벌어졌기 때문입니다.

프로이센의 프리드리히 대제

오늘의 한국사 1978년 첫 컬러 TV 방송

1914년 사라예보 사건

관련 국가 | **보스니아, 세르비아**

1914년 오늘 오스트리아-헝가리 제국에 합병된 보스니아의 수도 사라예보는 오스트리아 제국 계승 후보자인 대공 부부를 보기 위해 모인 군중들로 가득했습니다. 행사를 마친 대공 부부가 오픈카를 타고 가던 중 엔진이 꺼지는 작은 사고가 발생했습니다. 이때 두 발의 총성이 울렸고 치명상을 입은 두 사람은 끝내 사망했습니다. 범인은 '검은손'이라는 세르비아의 비밀 조직원이었습니다. 이 사건은 제1차 세계대전의 도화선이 되었습니다.

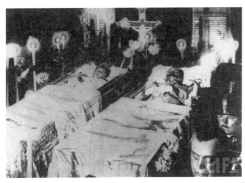

대공 부부의 마지막 모습

오늘의 한국사 1950년 조선인민군 서울 점령

1947년
UFO 추락

관련 국가 | **미국**

1947년 오늘 미국 뉴멕시코주 로즈웰 부근에서 미확인 비행물체(UFO)가 추락했습니다. 다음날 윌리엄 브래즐이라는 농부는 로즈웰 인근 목장에서 잔해를 발견하고 보안관에게 신고했습니다. 이를 회수해 조사한 육군 항공대는 비행접시를 수거했다고 발표했으나, 하루 만에 기상 관측용 기구가 추락한 잔해였다고 입장을 번복했습니다. 이후 UFO와 관련한 다양한 음모론이 퍼졌습니다.

육군이 회수한 잔해

오늘의 한국사 1896년 서재필, 독립협회 결성

6 월

29 일

2007년
아이폰 발매

관련 국가 | **미국**

최초의 스마트폰은 IBM이 1992년에 개발한 사이먼입니다. 통화, 주소록, 계산기, 메모장, e메일, 팩스, 오락까지 할 수 있었죠. 또 버튼이 아닌 터치스크린으로 전화번호를 입력했습니다. 우리가 지금 사용하는 스마트폰의 대중화는 2007년 오늘 애플이 출시한 아이폰에서 시작됐습니다.

애플의 첫 스마트폰인 아이폰

7월 1일

1863년
게티즈버그 전투

관련 국가 | **미국**

미국의 남북전쟁이 한창이던 1863년 오늘 펜실베이니아주 게티즈버그에서 총력전이 벌어졌습니다. 철도와 도로의 중심으로, 부대 이동과 물자 보급에 필요한 전략적 요충지인 게티즈버그를 탈환하는 쪽이 전쟁의 승기를 잡을 가능성이 컸습니다. 남북의 사활을 건 전투는 3일간 지속됐고 약 5만 명의 사상자가 발생하는 치열한 전투 끝에 북군이 승리했습니다.

오늘의 한국사 1948년 국회 본회의, 국호를 대한민국으로 결정

6월
30일

1937년
최초의 긴급 전화

관련 국가 | **영국**

긴급신고전화는 미국에서 전화기가 보급되던 1900년대 초에 탄생했습니다. 다만 교환수에게 경찰을 불러달라고 하거나 소방서에 신고해 달라고 전하는 방식이었죠. 교환수 없이 직접 긴급상황을 신고하는 전화번호가 1937년 오늘 영국에서 개통했습니다. 번호는 999로, 당시의 다이얼식 전화로는 밤에 9번을 가장 찾기 쉽다는 것과 9를 세 번 돌리는 동안 심호흡이라도 하라는 이유에서였습니다.

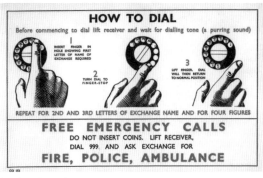

'999' 안내 포스터

7월